보수의 영혼

보수의 영혼

진보를 이겨내는 자유의 힘

전성철 지음

엘도라도

오늘날 지성인들에게 가장 필요한 덕목 중의 하나가 '보수'와 '진보'에 대한 정확한 이해다. 왜냐하면 이 두 가지 길이 궁극적으로 한국이라는 나라의 역사를 매우 다르게 창조할 것이기 때문이다.

그러나 이 보수와 진보의 이념에 대해 정확하게 이해하는 사람은 뜻밖에 그리 많지 않다. 왜냐하면 그 두 가지, 특히 '보수'의 이념을 누구나 알아듣기 쉽게 설명하는 것이 절대 쉬운 일이 아니기 때문이다.

그런 점에서 전성철 회장이 쓴 이 책은 상당히 특이하다. 어려운 과제를 중고등학생도 쉽게 이해할 수 있을 정도로 쉽고, 재미있게 일상적인 말로 설명해주고 있기 때문이다.

지금 이 나라의 보수는 여러 가지 면에서 많은 어려움을 겪고 있다. 그 중요한 이유 중의 하나는 사회 전체적으로 보수의 이념에 대한 명확한 이해와 공감대가 많이 부족하기 때문이다. 이 책은 바로 그런 점에서 나라에 큰 도움이 될 것 같다.

'보수'로 끌리는 사람은 '마음의 고향'을 그리는 경우가 많다. 국가 발전에 못지않게 사회 보전이 중요하다는 것이다.

이홍구

전 국무총리

고등학교 1학년인 당신의 아들이 물었다.

"아빠는 보수예요, 진보예요?"

당신이 답하기를 "나야 보수지" 했다. 그러자 아들이 다시 물었다.

"왜요?"

이 질문에 당신은 어떻게 대답할 것인가? 당신의 답을 들은 중학생 아들이 고개를 끄덕이고 돌아간다면 당신은 진정한 보수의 의미를 아는 사람이다. 그런데 돌아서던 아들이 한 가지 질문을 더 던졌다.

"그럼 진보는 왜 싫으세요?"

이번 질문에 대한 당신의 답을 듣고 아들이 역시 고개를 끄덕인다면, 당신은 이론적으로 충분히 무장되어 있는 보수의 전사다.

이 책은 당신의 아들이 자라면서 당신과 이 대화를 더 깊이 있게 이어가고 싶어 할 때, 그가 던지는 모든 질문에 제대로 된 답을 하실 수 있게 하기 위해 쓰여졌다. 더 나아가 아들뿐 아니라 당신이 '보수와 진보'의 이슈에 대해 관심을 가진 모든 사람과 대화할 때 그것에 대하여 확신을 가지고 이야기할 수 있게 해드리기 위해 쓰여졌다.

이 책의 독자 중에는 과연 '전성철'이 무슨 자격으로 보수의 이념을 설파할 수 있는가에 의문을 갖는 사람도 있을 것이다. 먼저 밝혀두자면, 나는 '보수'에 대해 가장 많이 고민해온 사람 중 하나라고 자부한다. 그 이유는 내가 한때 다름 아닌 '진보'였기 때문이다. 지난 2000년 총선에서는 민주당으로 출마를 하기도 했다. 당시 나는 한나라당으로부터 이미 공천 제의를 받은 상황이었다. 제시된 지역구는 사실상 당선이 보장된 서울의 강남(을)구였다. 그러나 나는 그것을 거절했다. 그리고 민주당을 택했다.

나의 이 결정은 세상을 꽤 놀라게 했다. 그 이유는 내가 대구에서 나서 자란 정통 TK였기 때문이기도 했지만, 그보다 더 크게 내가 직전 정권에서 청와대 정책기획 비서관으로 김영삼 대통령을 모셨던 사람이었기 때문이었다.

어떻게 보면 나는 보수를 배신한 셈이었다. 그러나 어떤 보수도 나를 '배신자'라고 욕하지 않았다. 그 이유는 내가 택한 지역구 때문이었다. 나는 한나라당의 강남(을)구 공천 제의를 외면하고 당시 '신 정치 1번지'라 불렸던, 그러나 절대적인 민주당 불모지였던 '강남(갑)'을 선택하여 출마했었다. 당시 정치계 거물이었던 최병열 씨와 맞붙어 민주당 후보로서는 강남구 역사상 최다 득표를 했지만 모두의 예상대로 떨어졌다.

내가 왜 그런 엉뚱한 결정을 했을까? 그것은 내가 미국에서 로스쿨에 다닐 때 배운 미국의 헌법 정신에서 받은 영향 때문이었다. 나는 학부에서 정치학을 전공했기 때문에 로스쿨에 다닐 때 특히 헌법 수업을 좋아했다. 200여 년 미국의 역사는 한마디로 '보수와 진보의 경쟁과 갈등의 역사'라 해도 과언이 아니다. 헌법 시간은 바로 이 역사를 실제 케이스를 바탕으로 무척 실감 나게 가르치는 시간이었다. 수많은 판례들이 있고, 각 판례들을 뒷받침하는 수많은 정교한 이론과 논리들이 있다. 그것들을 통해 보수와 진보 간의 치열한 경쟁과 갈등의 역사를 배우며 나는 지적으로, 감정적으로 무척이나 고무되기도 하고 자극을 받기도 했다.

나는 미국의 헌법 정신 중 특히 "사람은 자기가 아무리 노력해도 바꿀 수 없는 것을 가지고 차별받아서는 안 된다"고 하는 명제에 많은 감명을 받았다. 사람은 아무리 노력해도 자신의 인종, 성별, 나이, 고향은 바꿀 수 없다. 그러니까 그런 것 가지고 차별해서는 안 된다는 것이었다. 이 정신을 실현하기 위해 200여 년 동안 미국의 진보들이 바쳤던 그 거대하고 처절한 노력들을 배우며 나는 가슴 저려오는 감명을 받곤 했었다.

14년 동안의 미국 생활을 마치고 귀국했던 1991년 당시 한국은 여전히 지역감정에 절어 있는 상태였다. 나는 이를 보며 치밀어 오르는 울분을 느끼곤 했다. 그리고 정치의 기회가 왔을 때, 이왕 정치를 한다면 무엇인가 보람과 의미, 사명감을 가지고 하고 싶었다. 그래서 생각한 것이, 민주당으로 자타가 공인하는 진보 불모지인 강남(갑)에서 출마하는 것이었다. 내가 당선되기만 하면 우리나라에 이렇게 편견에서 해방된 집단도 있을 수 있음이 만천하에 웅변적으로 과시되게 될 것이다. 그를 통해 우리나라에 지역감정을 깨는 어떤 거대한 물결의 단초가 만들어질 수도 있지 않을까 기대했었다.

당시 민주당에게 나는 '넝쿨째 굴러떨어진 호박'이었다. 정통 TK인 51세의 국제변호사 출신의 참신한 정치 신인이 가진 상징성을 그들은 무척 좋아했다. 민주당은 나에게 당선될 수 있는 곳으로 가라고 강권했다. 그러나 나는 끝내 고집을 피워 '신 정치 1번지'였던 강남(갑)에서 출마했다. 어떻게 보면 로맨티스트였지만 사실은 만용이었다. 그러나 후회는 없다.

나는 1991년 귀국 후 30여 년 동안 김앤장 국제변호사, 조선일보 객원 논설위원, 청와대 정책기획비서관, 세종

대 부총장, CEO 교육 기업 창업 등의 다양한 직업을 거쳐왔다. 그 세월 동안 나는 거의 습관적으로 로스쿨에서 배운 보수와 진보의 논리들을 세상사에 대입해보곤 했다. 그러면서 우리나라와 보수/진보에 대해 많은 생각과 고민을 했다. 그러다 15년 전쯤 나는 최종적으로 내가 가야 하는 길은 '진보'가 아니라 도리어 '보수'의 길이라는 결정을 내리게 되었다. 그 이유는 진보보다 보수가 더 '우선적 가치'라는 결론이 내려졌기 때문이다. '우선적'이란 말의 의미는 이 책에서 자세히 다룰 것이다.

나는 또 시대적으로 한국의 현재 상황이 진보보다 보수라는 가치를 더 필요로 하고 있다는 확신도 가지게 되었다. 그동안 방황과 고민이 길었던 만큼 나의 이 결론은 더 견고한 이론과 논리에 입각하게 되었다고 생각한다.

이 세상에서 가장 강력한 힘은 무엇일까? 바로 생각의 힘, 즉 '가치'의 힘이다. 독립운동가가 군중 속에서 폭탄을 터뜨리며 스스로 산화할 수 있는 힘은 다른 어떤 것도 아니다. 바로 그가 가진 '가치'에서 나온다.

지금 너무나 많은 국민이 현재 진보 정권의 만용과 무

능에 절망하며 힘들어하고 있다. 우리 국민은 대안을 갈망하고 있다. 이 진보의 오만과 무능에 제대로 대항할 수 있는 가장 강렬한 힘은 무엇일까? 그것은 '생각', 즉 '가치의 힘'이다. 그것은 '보수의 가치'일 수밖에 없다.

내가 가장 가슴 아프게 생각하는 것은 우리나라 보수 야당이 대여 투쟁을 함에 있어 보수의 가치를 전혀 활용하지 못하고 있다는 사실이다. 뒤에 가서 자세히 설명하겠지만, 보수의 가치는 너무나 숭고한 면들이 많다. 그러나 불행히도 우리 야당은 그 숭고한 가치를 거의 벽장 속에 고이 넣어두기만 하고 있다. 언급 자체가 거의 없다. 그 바람에 많은 국민들은 우리 야당이 국가를 위한 철학과 방향성을 제시하는 집단이라기보다 정파적 이익에 매진하는 집단이라는 인상을 갖고 있다. 즉, 반대를 위한 반대를 한다는 인상이다. 참으로 안타까운 일이다.

진정한 보수의 가치가 무엇인가? 이것은 반드시 전파되어야 하지만, 그러나 이것을 누구나 알아들을 수 있게 쉽게 설명하기란 쉬운 일이 아니다. 이 책은 그것을 향한 진심 어린 시도다. 쉽지 않은 과업이지만, 나라에 꼭 필요한

보수의 영혼

작업이라 생각한다.

　이 책이 우리나라의 모든 보수에게 '나는 왜 보수인가?'라는 질문에 확신에 찬 답을 주는 첫걸음이 되기를 기대한다. 이것이 '보수의 가치'를 향한 거대한 물결을 일으키는 하나의 촉매가 되기를 기대해본다.

2019년 11월의 어느 날 새벽

부암동 서재에서

전성철

목차

3장 '보수 대 진보'의 숙명적 경쟁과 갈등

4장 '자유와 선택'을 빼앗겨서
심하게 불행한 대한민국 국민

5장 '보수'에 대한 여러 가지 오해

6장 보수로 융합되고 있는 진보의 경제 철학

7장 보수와 진보의 국가 운영 방식의 차이

8장 이 땅의 보수의 사명

1장

나는 왜 보수인가

01
인간이 행복하기 위해서는
무엇이 필요한가

인간이 행복하기 위해서는 반드시 다음 세 가지가 필요하다.

첫째, 배가 고프지 않아야 한다.

둘째, 배가 아프지 않아야 한다. 즉, 남보다 너무 못살지 않아야 한다.

셋째, 아무도 자신을 함부로 잡아갈 수 없어야 한다.

인류의 역사는 바로 이 세 가지를 향한 긴 여정이었다. 이 세 가지 영역에서 진전이 있을 때 우리는 '역사가 발전했다'고 한다. 이 세 가지 중 한 영역에서라도 중요한 퇴보가 있다면 우리는 '역사가 후퇴했다'고 한다. 인류는 지난 300년 동안 이 세 가지 영역에서 모두 괄목할 만한 발전을 이루었다. 한마디로 '상전이 벽해가 되는, 즉 뽕나무 밭이 바다가 되는' 대단한 발전이었다. 이 발전의 요인은 무엇이었을까? '보수'와 '진보'의 철학은 바로 이 300년간의 거대한 도약에서 시작되고 발전되어온 것이다.

인류 80만 년 역사에서 그 답을 찾다

99.99%의 인류는 지난 80만 년 역사의 99.99%에 해당하는 시기 동안 너무나도 불행하게 살았다. 지배층에 속하지 않은 모든 사람들은 그렇게 살았다. 무엇이 그들을 불행하게 했을까?

우선, 배가 고팠다. 평민은 항상 굶주렸다. 한꺼번에 몇천, 몇만 명이 굶어 죽는 일도 허다했다. 굶주림은 민중의 삶의 필수적인 한 부분이었다.

다음으로는 배가 아팠다. 그들의 삶을 지배층과 비교해보면 그 수준은 참으로 하늘과 땅 차이였다. 대부분의 사람들은 그것을 숙명으로 받아들이고 살았지만 그들의 심저에 '배 아픔'은 항상 존재했다.

마지막으로 그들은 항상 불안하게 살았다. 언제든 지배층에 의해 붙잡혀 갈 수 있기 때문이었다. 잡혀가서 주리가 틀릴 수도, 곤장을 맞을 수도 있었고, 심지어 죽임을 당할 수도 있었다.

80만 년 동안 항상 이 세 가지 고통, 즉 '배고픔', '배 아픔', '함부로 잡혀갈 수 있는 위험' 속에서 살아온 인류의 삶을 지금의 삶과 비교해보자. 한마디로 오늘날 인류의 삶은 천국에서의 삶, 그 자체라 해도 과언이 아니다.

그런데 이처럼 99.99%의 시기 동안 불행했던 인류의 삶이 어느 시점부터 지금과 같은 '행복한 삶' 쪽으로 전환되기 시작했을까? 그 발화점은 무엇이었을까? 어떤 결정적인 계기가 있었을까? 이것은 매우 중요한 질문이다. 왜냐하면 그것이 앞으로 인류가 계속 행복하게 살기 위한 가장 큰 단서를 제공해주기 때문이다.

　그 거대한 변화는 지금으로부터 약 300년 전에 시작되었다. 그 시작으로 인해 인류는 이 세 가지 과제의 대부분을 해결할 수 있게 되었다.

보수의 영혼

02

인류에게 온 사상
최대의 축복, '자유'

'산업혁명'은 왜 하필 영국에서 일어났을까?

인류에게 주어진 세 가지 과제 중 첫 번째, 즉 배고픔을 인류가 어떻게 해결했는가부터 살펴보자. 그것은 우리가 '1차 산업혁명'이라고 부르는 대사건에서 시작되었다. 이 산업혁명의 위력은 구태여 설명할 필요가 없을 것이다. 이 혁명은 한 차례로 그치지 않고 2차, 3차를 거쳐 지금 우리는 4차 혁명의 한가운데에까지 나아왔다. 이 네 가지 혁명의 결과로 지금 인류는 조금 과장한다면 거의 신과 경쟁하는 수준에까지 도달했다. 시간과 공간을 초월하는 역량 면에서 그렇다.

산업혁명의 시작은 비교적 단순했다. 한마디로 새로운 동력의 탄생이었다. 산업혁명 이전에는 인류가 가질 수 있었던 동력은 기껏해야 물레방아나 풍차, 소나 말의 근육밖에 없었다. 그것이 증기 엔진으로 대체된 것이 바로 1차 산업혁명의 원천이었다. 산업 전반에 증기기관이 도입되면서 대량생산의 시대가 열렸고, 그로 인해 인류는 상상도 못한 풍요의 길로 들어서게 되었던 것이다.

산업혁명이 인류의 생산성을 어느 정도로 높였을까? 대략적으로 보자면, 약 100배 정도 더 생산성을 높였다고 한다. 지난 2,000년 동안 전 세계의 연간 생산성 추이를 조사한 연구 결과를 살펴보면, 예수가 탄생한 기원 1세기부터 산업혁명이 시작된 18세기까지의 약 1,700여 년 동안 세계의 연간 경제성장률은 평균 0.02% 정도였다. 다시 말해 1,700여 년 동안 전 세계의 경제는 거의 제자리걸음을 했다는 것이다.

그러나 1차 산업혁명이 시작된 18세기 이후의 세계 경제성장률은 평균 약 2%였다. 즉, 그 이전보다 약 100배나 더 빨리 성장하게 되었다는 것이다. 이러한 속도는 2차, 3차 산업혁명으로 연결되면서 근년에 이르러서는 연평균 3~4%까지로 치솟았다. 한마디로 세계 경제는 산업혁명 이전보다 약 150~200배 더 빠른 속도로 성장해온 것이다 [OECD, 〈The World Economy: A Millennial Perspective〉 (2006)참고].

그런데 이 산업혁명이 어느 나라에서 시작되었을까? 산업혁명이 발발한 나라는 영국이다. 이것은 사실 뜻밖의 일이다. 만일 300여 년 전 그 무렵, 누군가에게 '산업혁명이 어디서 시작될 것인가'를 예측해보라고 했다면 아마 만장일치로 '중국'을 꼽았을 것이다. 중국은 당시 천여 년 동안 줄곧 세계 최고의 부자 나라였다. 전 세계 GDP(국내총생산)의 20~30%를 한 해도 빠짐없이 차지해왔다.

중국은 인구와 자원에서도 이미 세계 최고였지만, 더 중요한 사실은 그 당시 세계 과학기술의 메카이기도 했다는 것이다. 이미 15세기부터 중국은 다음과 같은 과학기술을 가지고 있었다.

- 아궁이와 피스톤식 풀무를 이용해 철강을 제조하기 시작해서 오랫동안 세계 최대의 철강 생산국으로 군림하고 있었다.
- 화약과 대포를 만들었으며, 천연가스도 굴착하고 있었다.
- 종이, 이동식 활자, 인쇄기를 발명해 사용하고 있었다.
- 농업에서는 바퀴 달린 쟁기, 회전식 타작기, 자동파종기 등을 발명해 사용하고 있었다.
- 나침반과 방향타도 발명하여 무려 2만 8,000명의 탐험대를 아프리카에 파견하기까지 했다.

유럽이 중세 암흑시대에 놓여 있던 15세기, 온 세계가 봉건 왕조의 탄압 아래 신음하고 있을 때 이미 중국은 이 모든 기술들을 보유하고 경제적으로 세계를 호령하고 있었던 것이다. 이런 모든 면으로 볼 때 본질적으로 기술 혁명인 1차 산업혁명은 당연히 중국에서 일어났어야 했다. 그런데 실제로는 어디서 시작되었나? 완전히 엉뚱한 곳에서 일어났다. 바로 영국에서다.

영국이 산업혁명의 발상지가 된 이유

〰〰〰〰〰〰〰〰〰〰〰〰〰〰〰〰〰

영국은 산업, 자원, 기술 등 모든 면에서 볼 때 산업혁명 같은 거대한 변혁이 일어나기 어려운 나라였다. 좁은 국토에 날씨도 나빴고, 특별한 자원도, 특별한 기술도 없었던 정말 보잘것없는 조그마한 약소국이었다. 무엇보다 기술의 면에서 세계에서 조금도 앞서가지 못하는 나라였다. 그런데 그런 나라에서 천지를 개벽시킨 산업혁명이 일어난 것이다. 이상하지 않은가?

왜 그랬을까? 그 이유는 단 하나다. 영국이 세계 어느 나라도 가지지 못한 것을 가장 먼저 가지게 되었기 때문이다. 그것이 무엇일까? 바로 '자유'라는 것이었다.

영국은 세계에서 가장 먼저 국민이 자유를 향유하게 된 나라다. 이미 13세기에 왕의 권력을 제한하는 '마그나카르타Magna Carta'라는 역사적 문서가 만들어졌다. 이것은 왕이 공식적으로 자신이 행사하는 권력을 제한하는 데 동의한 문서였다. 이를 시작으로 점점 발전하여 17세기에 이르러서는 다른 어느 나라보다 먼저 시민에게 본격적인 자유가 허여되었다. 의회의 동의를 거치지 않고는 입법, 징집, 과세가 불가능하게 되었고, 선거의 자유와 의회 발언의 자유까지 보장되었다. 다시 말해 오늘날 이야기하는 '민주화'가 시작되었던 것이다.

그렇다면 자유와 산업혁명은 무슨 관계가 있는 것일까? 자유의 어떤 힘이 산업혁명이라는 무시무시한 결과를 낳았을까? 그것은 자유를 얻지 못한 생산인구(노예, 소작농 등)와 자유를 얻은 이들(자영농민, 자영업자 등)의 삶을 비교해보면 금방 알 수 있다.

소작농이나 노예는 자신을 위해 일하지 않는다. 그들은 영주나 주인을 위해서 일한다. 즉, 그들이 아무리 많이 생산해도 자기들이 가져가는 것은 항상 같다. 생산량이 많건 적건 그들이 얻는 것은 겨우 생존할 만큼의 떡이었다. 그렇기 때문에 이들에게는 최대한 적게 일하는 것, 노력을 적게 들이는 것이 가장 이문이 남는 일이었다. 자연히 이런 사람들이 생산 활동을 하는 나라의 생산성은 항상 최저 수준일 수밖에 없다.

그런 이들에게 어느 날 갑자기 '자유'가 주어졌다고 생각해보라. 즉, 그들이 생산한 것을 대부분 그들이 가져갈

보수의 영혼

수 있게 되었다고 생각해보라. 조금이라도 더 많이 생산하기 위해, 사랑하는 아내와 자식들에게 조금이라도 더 가져다주고 싶은 마음에 다들 그 전과는 비교가 안 될 정도로 열심히 일하게 될 것이다. 전국의 모든 노동자들의 태도가 이런 식으로 전면적으로 바뀌었을 때 그 나라 전체의 생산성이 얼마나 올라갈지는 가히 상상이 가는 일이다. 그것이 생산성을 100배로 올리고, 이어 산업혁명이라는 상전이벽해가 되는 변화로 연결되게 된 것이었다.

자유가 주는 이 거대한 힘은 또 다른 세계사적 사건으로도 입증된다. 다시 중국을 보자. 중국은 압도적인 인구와 기술력으로 1~2천 년 동안 전 세계 산업 생산의 20~30%를 차지하는 절대 강자였다. 비록 자유가 없던 탓에 산업혁명 발상지라는 명예는 영국에 뺏기고 말았지만, 2차 세계대전 때까지는 규모 면에서 세계 경제의 압도적 1인자 자리는 계속 유지해왔다.

그러던 중국이 2차 대전 이후 세계 경제에서 차지하는 비중이 20%대에서 2%대로 추락하고 말았다. 왜 그랬을까? 모택동의 공산당 정권이 집권하면서 국민들로부터 자유를 빼앗아버렸기 때문이다. 그것 하나로 중국은 세계 최빈국의 반열로 떨어져버린 것이다. 그러나 1970년대 후반 등소평의 개혁으로 중국 사회에 전체적으로 경제적 자유가 회복되면서 그 비율은 다시 급속도로 높아져 이제는 거의 20%에 육박하는 세계 2위의 경제 대국이 되었다. 이처럼 '자유'는 인류를 풍요롭게 만드는 데 있어 절대적인 요소인 것이다.

13세기에 마그나카르타로 영국에서 태동된 자유의 물결은 17~18세기를 지나며 전 세계로 확산되었다. 그것은 결정적으로 미국의 건국(1776년), 프랑스 혁명(1789년) 등을 거치면서 제도화되기 시작했다. 특히 이민자들로 구성된 미국이라는 신생 국가가 권력을 입법, 행정, 사법의 세 갈래로 쪼개는 획기적인 방법을 고안하여 시민의 자유를 제도적으로 보장하는 모델을 제시하였고, 그것이 확산되면서 인류의 삶의 모습은 항구적으로 바뀌게 되었다. 이렇게 '제도화된 자유' 덕분에 인류는 영속적인 발전을 이룰 수 있었던 것이다.

03
자유가 가져다주는 보너스 :
다양한 선택

인간은 '배고픔'만 없으면, '배 아픔'만 없으면, 그리고 '함부로 붙잡혀 가지 않기만' 하면 다 행복해지는가? 그렇지 않을 것이다. 위 3가지 문제의 해결은 분명히 사람을 불행하지 않게는 만들어준다. 그러나 사람은 단순히 '불행하지 않은 것'을 넘어 행복해지기를 원한다. 행복해지기 위해서는 어떻게 해야 하나? 무엇이 필요한가?

사람에 따라 다 다를 것이다. 그러나 누구에게나 공통적으로 적용되는 것이 있다. 그것은 인간은 어느 순간이든

'골라잡을 것이 많을 때' 더 행복하다는 것이다. 즉, 선택할 것이 많을 때 더 행복해진다.

내가 오늘 저녁에 짜장면 한 그릇 먹는 선택밖에 없을 때와 스파게티, 비빔밥, 스테이크, 설렁탕, 돈가스, 갈비탕 중에서 고를 수 있다면 나는 그만큼 더 행복한 사람이다. 내가 A고등학교로 진학하는 선택밖에 없을 때와 K고등학교, C고등학교, L고등학교 등 다양한 학교 중 선택할 수 있을 때 나는 그만큼 더 행복한 것이다. 내가 K공업사에 취직하는 선택밖에 없을 때와 D물산, H실업 등 다양한 회사 중 골라잡을 수 있을 때 나는 그만큼 더 행복한 것이다.

나는 인간이 삶 전체를 통틀어 얼마나 행복했는가를 수치적으로 측정하는 방법이 적어도 이론적으로는 있다고 생각한다. 그것은 그 사람이 일생을 통해 누렸던 모든 선택을 합계 낼 수 있다면 바로 그것이 아닐까? 이처럼 선택의 다양성은 인간의 행복의 가장 핵심적 요소다. 반대로, 선택할 수 있는 것이 없는 삶은 가장 비참한 것이다. 배급소 앞에서 길게 줄 선 사람의 얼굴에는 결코 진정한 행복이 있을 수 없다.

자유가 좋은 것은 자유는 반드시 다양한 선택으로 나타

보수의 영혼

나기 때문이다. 사람들에게 자유를 줘보라! 사람은 다 다르기 때문에 그들이 하는 행동은 필연적으로 다 다를 것이다. 그 다름, 그 다양성이 다른 사람들에게는 다 다양한 '선택'으로 나타나는 것이다. 동대문 시장에 가보라. 얼마나 다양한가? 그곳이 그렇게 다양한 이유는 그곳에 자유가 있기 때문이다. 동대문 시장과 가장 대비되는 곳은 배급소다. 정해진 것을 던져주는 그곳에는 선택이 있을 수 없다.

따라서 좋은 조직, 좋은 사회란 사람들에게 다양한 '선택'을 제공해주는 곳이다.

미국의 아이젠하워 대통령이 한때 컬럼비아대학 총장으로 있을 때의 이야기다. 하루는 그가 창밖을 내려다보니 아래에 보이는 넓은 잔디밭에 잔디가 죽은 자국이 길게 나 있음을 발견하게 되었다. 담당자를 불러 왜 잔디가 저렇게 죽어 있는가를 물었더니 "학생들이 빨리 가려고 포장된 길을 놔두고 자꾸 그리로 다녀서 그렇습니다"라고 답했다. 그 말을 들은 아이젠하워가 대갈했다고 한다. "아니, 그럼 저 잔디밭에 길을 내주어야지. 학생들이 원하는 길이 있으면 그 길을 열어주는 학교가 좋은 학교다"라고.

맞는 이야기 아닌가? 국가도 마찬가지다. 좋은 나라란

국민에게 가능한 한 다양한 선택을 제공해주는 나라다. 인간으로서, 또 한 시민으로서 가장 아픈 일은 선택을 빼앗기는 것이다. 북한이 비참한 이유는 못 먹어서이기도 하지만 그보다 사실은 국민이 선택할 것이 거의 없기 때문이다. 사우디아라비아가 그렇게 부자인데도 사람들이 아무도 그곳으로 이민 가고자 하지 않는 이유는 그곳에는 선택할 것이 별로 없기 때문이다. 전 세계 가장 많은 사람들이 미국을 동경하는 이유는 미국이 시민에게 가장 많은 선택을 제공해주고 있기 때문이다.

04
다양한 선택이 가져다주는 보너스 : '자부심'

사람이 가질 수 있는 느낌, 또는 감정 중에는 좋은 것들이 많다. 사랑, 안정감, 연대감, 자신감, 공감, 자부심 등이다. 이것들이 모두 행복을 창출하는 요소들이다. 이 여러 가지 요소들 중 특별히 사회적 의미를 지니는 것이 바로 '자부심'이다. 자부심이란 다른 동물에게는 없는 독특한 마음의 현상으로서 인간이 가질 수 있는 가장 귀한 감정 중의 하나다.

이 '자부심'이란 참 특이한 형태의 행복이다. 단순히 기분 좋거나 기쁜 것 이상의 어떤 '뿌듯함', 그리고 '당당함'이다. 이것은 주로 사회적 관계에서 나오는 감정인데, 특히 사회적 상황에서 나의 '가치'를 느낄 때 나오는 감정 상태다.

그렇다면 자부심은 언제 생성되는가? 그것은 '자족'과 '자존'이 어우러질 때 생겨난다. 그리고 이 '자족'과 '자존'은 다양한 '선택'에서 나온다. 동대문 시장을 어슬렁어슬렁 다니는 사람에게는 자기가 원하는 것, 자신이 필요한 것을 살 수 있을 것이라는 기대, 즉 '자족'에 대한 기대가 있다. 또 여러 가지 중에서 '선택'할 수 있을 것이라는 기대가 주는 '자존'이 있다. 자부심은 바로 '자족'과 '자존'이라는 두 가지 요소가 어울릴 때 발생하는 심리 상태인 것이다.

배급소의 긴 줄에서 기다리는 사람의 마음속에는 결코 자부심이 있을 수 없다. 왜? 자족은 불확실하고 자존은 아예 없기 때문이다. 던져주는 것을 어쩔 수 없이 받아서 오는 그 마음속에 자존감이 있을 수 없기 때문이다.

정말 이 세상에서 어떤 나라가 좋은 나라일까? 잘 먹고, 잘 입는 것도 물론 중요하다. 그러나 그 차원을 넘어서면

보수의 영혼

궁극적으로 시민에게 가장 좋은 나라는 시민에게 자부심을 주는 나라다.

지난 수백 년 동안 인류는 문자 그대로 벼락출세를 했다. 인류 100만 년의 역사에서 이토록 많은 인간이 이토록 많은 자부심을 가지며 산 적이 없다. 그것은 단순히 '풍요'하다고 오는 것이 아니다. 그것은 '선택'이 주는 선물이며, 이 선택은 바로 '자유'라는 위대한 가치의 산물이다. 다시 말해 자유는 '풍요'를 가져다주며, 그 풍요는 '다양한 선택'이라는 선물을 주고, 그 선택은 또한 '자부심'이라는 그 다음 차원의 선물을 준다.

물론 아직도 지구촌에는 이 축복을 누리지 못하는 사람들이 적지 않게 있다. 그 사람들의 공통점은 바로 자유가 없는 곳에서 살고 있다는 것이다. 자유가 제대로 주어지면 인류는 이렇게 풍요하게 선택을 누리며 또 자부심을 가지고 살 수 있는데도 불구하고 말이다.

한국과 북한의 거대한 차이는 바로 여기에서 비롯되었다. 즉, 북한에는 자유, 선택, 자부심 중 그 어느 하나도 없기 때문이다.

한마디로, 보수는 이 '자유'를 가장 소중하게 생각하는 사람들이다. 불과 300년이란 짧은 세월 동안 인류를 신과 경쟁하는 수준으로 벼락 출세시켜준 이 '자유' 말이다.

배 아픈 문제의 해결

인류의 세 가지 기본적 욕구 중 '배고픈 문제'와 '함부로 잡혀가지 않는 문제'는 그렇게 해결 되었다. 그렇다면 '배 아픈 문제'는 어떻게 되었나? 이 문제는 아직 충분히 해결 되지 않았다. '배고픈' 문제와 '배 아픈' 문제 간에 근본적으로 상호 모순이 있기 때문이다. 이것은 피할 수 없는 모순이다. 그래서 갈등할 수밖에 없는 것이다. 이 모순 때문에 인류는 20세기 들어 엄청난 시련을 겪게 되었으며, 이 모순을 해결하는 것은 아직도 인류의 영원한 숙제로 남아 있다.

이 '배 아픈' 문제를 해결하자는 것이 바로 진보다. 이 '배고픈' 것과 '배 아픈' 것 간의 갈등, 그리고 진보의 문제는 3장에서 자세히 다루겠다.

2장

'자유'는 어떻게
얻을 수 있는가

자유와 선택의 원리

　자유가 인류를 크게 구원해주었다. 그렇다면 자유는 어떻게 얻을 수 있는가? 당신이 '무엇이든 당신 마음대로' 할 수 있으면 그것이 자유인가? 그것을 자유라고 부를 수는 있겠지만, 그것은 실현 불가능한 것이다. 무인도에서 혼자 산다면 몰라도 모두가 어울려 사는 사회에서는 그것은 사실 불가능한 일이다.

　그렇다면 당신이 어떤 상태에 있을 때 '자유를 누리고 있다'고 할 수 있을까?

예를 들어보자. 어느 유원지에 공중 화장실이 있다. 화장실은 몇 개밖에 없는데 이용하려는 사람은 100여 명이 몰려 있다 하자. 누구를 먼저 들어가게 할 것인가? 이 순서를 정하는 데는 크게 세 가지 방법이 있다.

첫 번째 방법은 그냥 자기들이 알아서 하도록 내버려두는 것이다. 즉, 누구든 능력 있는 사람이 먼저 이용하게 하는 것이다. 그러면 온갖 상황이 벌어질 것이다. 말싸움이 생기고, 몸으로 밀고 당기다가 격투가 벌어질 수도 있다. 돈이 오갈 수도 있다. 무엇이든 모두가 자기 마음대로 할 수 있기는 하지만 과연 이런 상황을 '자유를 누린다'고 할 수 있을까? 아니다. 이런 곳을 우리는 '정글'이라고 한다. 얼핏 보면 자유로운 것 같지만 사실 아무도 자유를 누리지 못하는 곳이다.

이런 상황이 계속되면 '도저히 이래서는 못 살겠다'고 하면서 누군가가 해결책을 제시할 것이다. 그래서 나오는 두 번째 접근법이 바로 '독재'다. 즉, 군중에서 한 사람을 옹립하는 것이다. 그 사람은 아마도 폭탄급 펀치력을 가진 마이크 타이슨 같은 사람일 것이다. 이 사람이 나서서 순서를 정해주게 하는 것이다. 즉, 이때부터 '명령의 원리'가 적용되기 시작한다. 마이크 타이슨은 자신이 가진 힘을 바탕으로 권력을 행사하기 시작한다.

그는 아마도 자기 마음에 드는 사람을 먼저 들어가게 할 것이다. 그러면 모두가 그에게 잘 보이려고 야단일 것이다. 콜라를 사 들고 오는 사람, 아양을 떠는 사람, 현금을 가지고 오는 사람 등……. 이런 모든 것에 신경을 써야 하니 모두 너무 피곤해진다. 그래도 그 이전의 정글보다는 조금이나마 낫다. 비록 한 사람의 명령에 움직여야 하지만 최소한 빠르게 순서가 정해지고 다들 순종하는 까닭에 질서는 생기기 때문이다. 그러나 이곳에 '자유'가 있다고 할 수는 없다. 사실 너무 힘든 상황이다. 인류는 수십만 년을 이런 독재 체제하에 살았다.

그러나 이 '마이크 타이슨의 독재'에 진절머리를 낸 사람들이 힘을 합쳐 세 번째 방법을 생각해냈다. 정글도 아니고 독재도 아닌 제3의 제도, 즉 '선착순'이란 제도다. 이 제도의 규칙은 단순하다.

1. 모두 줄을 서게 하고, 줄 선 순서대로 들어간다.
2. 그 외에는 모두 각자 마음대로 한다.

3. 단, 순서를 어기는 사람은 제때 제대로 응징한다(화장실 사용 금지 등).

이 제도가 실시되는 순간 그토록 혼란스럽던 공중 화장실 앞은 순식간에 평화롭고 점잖은 곳으로 변하게 된다. 기다리면서 신문을 읽든, 옆 사람과 이야기를 하든, 흥얼거리며 노래를 하든, 순서만 지킨다면 무엇이든 마음대로 할 수 있다. 얼마나 좋은가?

바로 이것이 '자유'다. 이곳에서는 누구도, 누구에게도 무엇을 하라고 명령하지 않는다. 모두에게 '자유'가 있다. 그리고 그들은 동시에 '선택'을 갖게 되었다. 모두 자유롭지만 만일 화장실을 빨리 이용하고 싶으면 빨리 줄을 서는 '선택'을 하면 된다. 선택할 것인가 아닌가 하는 것도 자유다. 그리고 모두가 합의한 이 원칙을 지키지 않는 사람, 즉 '새치기'를 하는 사람은 응징을 당한다.

이런 식으로 모두에게 자유를 주되 원하는 사람에게는 '선택'을 할 수 있게 하는 이 원칙, 이것을 '자유와 선택의 원칙principle of freedom to choose'이라 한다. 그리고 그 원칙이 적용되는 방식을 바로 '자유와 선택의 원리'라고 부른다.

이제 정리해보자. 자유란 어떤 경우에 제대로 향유될 수 있는가? 딱 한 가지 상황에서다. 즉, '자유와 선택의 원리'가 작동할 때다. 그리고 '자유와 선택의 원칙'이 지켜질 때다. 그때 이외에는 사람이 어울려 사는 곳에는 어떤 경우에도 진정한 자유란 있을 수 없다.

02
'자유와 선택의 원리'가
바로 '보수의 영혼'

　시장의 원리, 즉 자유와 선택의 원리는 우리 삶의 모든 분야에서 작동할 수 있다. 예를 들어, 천리나 떨어져 있는 먼 곳에서 큰 금광이 발견되었다고 하자. 그곳에 사람들을 빨리 많이 보내서 그 금광을 개발하게 하고 싶다고 하자. 이것을 발표하자마자 일확천금을 꿈꾸는 수만 명이 각기 마차를 가지고 나와 서로 먼저 가려고 경쟁을 하기 시작할 것이다. 그것을 그대로 두면 금광에 가는 길은 바로 정글이 된다. 수천 대의 마차가 서로 엉켜서 나중에는 도저히 어떻게 해볼 수 없을 정도로 혼란스런 상태에 빠져버릴 것이다. 속도도 엄청 느릴 것이다. 이곳이 바로 정글이다.

이 정글을 없애기 위해 교통경찰을 곳곳에 배치했다고 하자. 경찰은 사람들에게 명령함으로써 질서를 유지하고자 할 것이다. 그러나 이것도 제대로 되기가 쉽지 않다. 정글보다는 낫겠지만 마이크 타이슨이 지배하는 공중 화장실과 같은 곳이 될 것이기 때문이다. 경찰이 누구의 길을 터주느냐에 따라 누가 먼저 가느냐가 결정되기 때문에 서로 경찰에게 잘 보이려고 야단일 것이다. 뇌물이 횡횡하고 경찰은 막강한 권력을 누릴 것이며, 모두가 노심초사하는 가운데 길은 여전히 시원히 뚫리지 않을 것이다.

이런 문제도 '자유와 선택의 원리'를 활용하면 간단히 해결된다. 바로 다음과 같은 세 가지 규칙을 만드는 것이다.

1. 평원에 줄을 그어 두 종류의 레인을 만든다. 하나는 주행선이고 다른 하나는 추월선이다.
2. 그 외에 나머지는 다 자유다.
3. 규칙을 위반하는 사람은 제때 제대로 응징한다.

사람들은 자기가 원하는 속도로 달릴 수 있고, 즉 자유를 누릴 수 있고, 앞 차가 너무 느리게 가면 추월선으로 추월하는 '선택'을 하면 된다. 이런 것이 바로 '자유와 선택의 원리'다. 한마디로 명령을 배제하는 것이다. 즉, '인센티브'에 입각한 규칙만 정하고 나머지에 대해서는 다 자유를 주는 것, 그것만이 사람들로 하여금 진정한 자유를 향유할 수 있게 해준다.

오바마가 실행한 '자유와 선택의 원리', 2008년 금융위기를 단숨에 이겨냈다

2009년 1월 대통령에 취임한 오바마는 한마디로 만신창이가 된 나라를 물려받았다. 바로 몇 달 전에 그 유명한 2008년 금융위기가 발발했기 때문이다. 어느 정도로 만신창이가 되었냐 하면, 우리나라로 치면, 현대자동차, 기아자동차, LG전자, 국민은행, 삼성증권, 신한생명 등 톱 기업 수십 개가 한꺼번에 다 파산해서 법정관리에 들어간 것에

보수의 영혼

비유할 수 있다. 즉, 미국 최대의 제조기업인 GM, 포드, 크라이슬러, 최대의 은행인 시티뱅크, 최대급 증권회사인 모건스탠리, 리먼브라더스를 포함한 수십 개의 초대형 기업들이 한꺼번에 다 파산해서 법정관리에 들어간 상황이었던 것이다.

당면 과제는 어떻게 하면 빨리 이 대기업들을 법정관리에서 구해내어 정상화시킬까 하는 것이었다. 이것은 참으로 복잡한 문제였다. 왜?

- 휴지 조각이 되어버린 이 기업들의 주식을 누군가가 사도록 함으로써 하루 빨리 그 기업에 충분한 돈이 들어가 법정관리를 빠져나오도록 해야 한다.
- 그런데 어느 기업은 살리고 어느 기업은 죽일 것인가?
- 이 돈을 어떻게 마련할 것인가?
- 돈이 마련된다고 하더라도 그 돈으로 누가 어느 기업의 주식을 얼마에 어떻게 사도록 할 것인가?

참으로 복잡한 수십차 방정식이었다.

대한민국 정부라면 이 문제를 어떻게 해결했을까? 뻔하다. 아마도 정부가 공중 화장실 앞의 마이크 타이슨 같은 역할을 했을 것이다. 당장 기획재정부와 금융감독원, 산업은행의 관리들로 태스크포스를 만들 것이다.

그러고는 이들이 각 기업을 분석해서 "이 기업은 살리고 저 기업은 죽이자, 이 기업은 저 기업에게 인수시키고, 이 은행은 저 은행에게 인수시키고, 이 기업은 요렇게 분할하여 반은 팔고 반은 파산시키자, 이렇게 많이 망가진 기업에는 정부가 얼마를 지원하고 덜 망가진 기업에는 얼마를 지원하자" 하면서 정부가 칼을 휘두르며 호기를 잔뜩 부리며 진두지휘했을 것이다.

그 접근법은 참으로 오랜 시간이 걸렸을 것이다. 너무나 많은 협상이 필요하고, 밀고 당길 일들이 너무 많았을 것이다. 엄청난 양의 로비가 들어가고 바꾸고 지연되고 하는 동안 기업들은 더 형편없이 망가져버렸을 것이다. 아마도 그 사이에 경제도 엄청난 상처를 받았을 것이다.

그러나 오바마 대통령은 그런 식으로 접근하지 않았다. 한마디로, '자유와 선택의 원리'를 적용했다. 즉, 규칙만 세우고 나머지는 사람들의 자유와 선택에 맡기는 접근을 했던 것이다. 어떻게?

그는 "이 파산한 기업의 주식을 사고 싶은 사람은 기업을 선택해서 매입 신청을 해라. 그리고 그 주식 매입 비용의 7분의 1만 납부해라. 그러면 나머지 7분의 6은 사는 주식을 담보로 정부가 대출을 해주겠다"는 제안을 한 것이었다. 이 제안만 하고, 나머지는 모두 미국의 시민과 기업들에게 맡겨준 것이다. 한마디로, 국민들에게 자유를 주고 원하면 선택할 수 있게 해준 것이었다. 마치 공중 화장실에서 선착순이란 규칙만 선언하고 나머지는 전부 화장실 앞의 시민들에게 맡겨준 것과 같은 것이었다.

이 방법은 마법을 발휘했다. 불과 1여 년 만에 대부분의 기업들이 법정관리를 벗어나게 되었던 것이다. 잘 하면 자기 돈 1로 7의 주식을 살 수 있다는 가능성에 수많은 투자가들이 열광하며 참여했다. 잠재력 높다고 보여지는 기업에 대거 투자가들이 몰리면서 우량 기업부터 팔리기 시작했고, 불과 1년 남짓 만에 부실기업의 대부분이 말끔히 정리되었던 것이다. 그 어마어마하던 금융위기가 단기간에 해결되었다.

이 접근법의 가장 큰 의미는 무엇일까? 아무도 누구에

게도 명령하지 않았다. 시민의 자유에 맡겨주었다. 그리고 국민에게 선택을 주었다. 즉, 각 기업 주식의 가치에 대한 평가가 정부가 아니라 시장에서 이루어졌다는 것이다. 너무 비싸게 나온 주식은 팔리지 않았다. 그러면 정부가 값을 내렸다. 반면에 싼 주식은 불티나게 팔려나갔다. 이 접근법의 마력은 '선택'을 관료가 하지 않고 시민이 하게 했다는 것이다.

투자가들은 남을 위해서가 아니라 자신을 위해서 그 주식 가격의 적정성을 분석했다. 그러니 최선을 다해서 분석하고 판단했을 것이다. 그 판단이 관료들의 그것보다 훨씬 더 우월했을 것은 자명하다. 관료들은 그들의 판단이 잘못되었더라도 잃을 것이 별로 없다. 이들에 비해 투자가들은 자칫 판단을 잘못했다가는 투자금을 몽땅 날릴 수도 있다. 이들의 노력이 관료들의 그것과 비교할 수 없을 정도로 컸을 것은 자명하다. 이것이 바로 '자유와 선택의 원리'다.

사람으로 하여금 자기 이익을 위해 뛰게 하는 것, 그럼에도 그것이 저절로 공적公的인 선善을 이루게 하는 것이 바로 '자유와 선택의 원리'다. 이 지구촌에서 국민에게 가장 큰 행복을 주는 곳, 물질적인 것과 정신적인 것 양면에서 국민에게 가장 큰 행복을 주는 나라들은 딱 한 가지 공통점이 있다. 그 나라들에는 예외 없이 '자유와 선택의 원리'가 적용되고 있다는 것이다. 그것이 국민에게 풍요함, 다양한 선택, 그리고 자부심을 주기 때문이다.

이에 대해 다음 장에서 여러 가지 구체적인 예들을 제시할 것이다. 한마디로 이 '자유와 선택의 원리'가 바로 '보수의 영혼'이다.

03
시장 : '자유와 선택의 원리'가
제도화된 곳

　자유를 향유할 수 있기 위해서는 '틀'이 필요하다. 바로 '자유와 선택의 원리'가 작동되는 틀이다. 이 틀을 '시장'이라고 부른다. 시장이란 한마디로 자유가 '제도화'된 곳이다.

　선착순이라는 원칙이 실행되는 공중 화장실은 가장 간단한 '시장'의 예시다. 그렇다면 시장에 반대되는 제도는 무엇일까? 공중 화장실의 예에서 보았듯이, 하나는 '정글(자유방임의 원리)'이고 다른 하나는 '독재(명령의 원리)'다.

보수의 영혼

이 두 가지 원리는 결코 사람들에게 진정한 행복을 줄 수 없다. 그렇게 보면 사람의 행복은 '시장', 즉 '자유와 선택의 원리'가 작동하는 곳에서 나오는 것이다.

'시장'은 어느 곳에서든 구축할 수 있다. 예를 들어, 한 회사에서 직원들이 고객에게 불친절하다는 문제가 생겼다고 하자. 이 문제를 해결하기 위해서도 두 가지 방법이 있다. 하나는 '명령의 원리'를 활용하는 것이다. 즉, 매일 직원들에게 '고객에게 친절하라'고 명령하는 것이다. 직원들은 명령을 받았으니 할 수 없이 썩은 웃음이라도 지을 것이다. 그러나 자기가 귀찮을 때는 쉽게 포기해버릴 것이다.

또 다른 방법은 시장의 원리, 즉 '자유와 선택의 원리'를 활용하는 것이다. 어떻게 하나?

1. 일정한 규칙을 만든다.

- 회사에 '친절 지수'라는 것을 만든다.
- 매일 10명의 고객에게 5점 척도로 질문하여 받은 답을 누계하여 계산한다.
- 매 분기에 합산된 지수를 발표하고, 그 지수가 올라가면 전 직원들에게 칭찬과 함께 작은 선물을 준다.

- 반대로 친절 지수가 내려갔을 때는 다 같이 모여서 내려간 이유에 대해 토론하고 반성하는 시간을 갖는다.

2. 그 외에는 어떤 의무도 없이 자유를 준다.

3. 이 정해진 절차를 시행하지 않으면 일정한 페널티를 준다.

이 시스템의 가장 큰 특징은 아무도 명령하지 않는다는 것이다. 직원들로 하여금 '선택'하게 하는 것이다. 아마도 직원들은 비교할 것이다. 매달 나타나는 수치의 결과에 따라 '칭찬'과 '선물'을 받는 것과, 반대로 지루한 회의를 해야 하는 것, 두 가지를 비교할 것이다. 아마도 자발적으로 '친절'해지는 쪽을 택할 것이다. 그러면서 아무도 명령하지 않는데도 회사는 점점 더 친절한 회사로 변해갈 것이다. 이것이 바로 '시장의 원리'다. 시장의 원리란 한마디로, 쥐를 잡기 위해 몽둥이가 아니라 고양이를 푸는 접근법이다.

동대문시장을 보라! 얼마나 자유롭고 활기가 넘치는가? 문자 그대로 '자유와 선택'이 가득한 곳이다. 기본적인 규칙(남을 해치지 마라) 외에는 어떠한 제약도 구속도 부담도

보수의 영혼

없다. 즉, '명령'이 없다. 그 누구도 '이것을 팔라', 혹은 '저것을 사라'고 지시하지 않는다. 모두가 자유를 누리면서 마음 내키는 선택만 한다. 그러나 하루가 지났을 때는 모두가 다 조금씩 부자가 되어 있다. 파는 사람은 팔아서 더 부자가 되고, 사는 사람은 원하던 것을 얻어서 더 부자가 된다.

세상에는 수많은 시장이 있다. 노동시장, 금융시장, 증권시장 등……. 겉으로 보기에는 서로 달라 보이지만, 그것을 움직이는 원리는 다 똑같다. 모두가 다 '자유와 선택의 원리'에 따라 움직이는 것이다.

04
'시장의 원리'는
어떻게 작동하는가

많은 사람들이 '시장'이란 단어에 거부감을 가지고 있다. 시장을 '약육강식이 이루어지는 잔인한 곳'이라고 생각하는 사람이 많다. 그렇게 보는 것은 시장의 지극한 작은 한 단면만을 보는 것이다. 그러나 우리가 이렇게 잘 살게 된 것은 한마디로 '시장' 덕분이다. 즉, '자유와 선택의 원리'가 작동하는 그곳 때문이다.

'시장'이란 한마디로, 남을 해치지 않는 한 사람들로 하여금 자신의 욕심을 마음껏 채울 수 있게 해주는 곳이다.

시장은 참으로 오묘한 곳이다. 시장의 가장 큰 마력은 '명령'이 없다는 것이다. 다들 남을 위해서가 아니라 각자 자신의 욕심을 채우기 위해 뛰는데, 결과적으로는 그것이 '공적인 선'을 이루도록 해주는 곳, 그곳이 바로 시장이다.

시장의 메커니즘

구체적으로 어떤 식으로 움직이기에 '공적인 선'이 이루어진다는 것인가? 시장은 다음과 같이 움직인다.

- 나와 있는 물건에 비해 사려는 사람이 적으면 가격이 내려간다.
- 가격이 계속 내려가면 만들어봤자 돈을 별로 벌지 못할 것이니 더 이상 그 물건을 만들지 않게 된다.
- 그런 상황이 계속되어 물건이 대부분 다 팔리고 나면 이제 부족 현상이 생기게 된다.
- 그러면 물건에 비해 사려는 사람이 많아지기 때문에

다시 값이 올라간다.

- 값이 오르면 이제는 만들면 이문이 남기 때문에 다시 만들기 시작한다.
- 그러다 만드는 사람이 크게 늘어 물건이 너무 많아지면 다시 물건 값이 내려간다.

이런 과정을 통해 모든 사람들에게 자연스럽게 필요한 만큼 물건이 공급되도록 해주는 곳, 그것이 바로 시장이다. 이런 것이 시장의 가격 메커니즘이다.

시장의 가장 큰 특징은 여기에 '명령'이 없다는 것이다. 누가 정해진 규칙을 어기지 않는 한 어느 누구도 이래라저래라 하는 사람이 없다. 어느 누구도 다른 사람의 이익, 즉 공익 따위를 생각할 필요가 없다. 누구도 '내가 다른 사람이 필요한 물건을 만들어줘야 그 사람들이 행복하지 않을까?' 하는 생각을 할 필요가 없고, 또 그 누구도 '내가 저 물건을 사주지 않으면 저 사람이 손해를 보지 않을까?' 하는 생각을 할 필요가 없다.

모두 각자 자기의 이기적인 욕심('나는 만들어 팔아 돈을 벌어야지', '나는 저 물건이 필요하니 사서 써야지')으로 움직이지만, 전체적으로는 필요한 물건이 필요한 만큼 생산되어 적절한(희소성에 비례하는) 가격에 공급되는 공적인 선이 이루어진다.

그런데 이 시장은 고도로 능률적이다. 사람들이 모두 자기의 이익을 위해 뛰기 때문에 변화하는 상황에 적시에 가장 탄력적으로 대응한다. 이를 통해 시장은 최대한 많은 사람들에게 적절한 가격으로, 최대한 그들이 필요로 하는 것을 재빨리 공급하게 된다.

이 과정에서 필연적으로 생기는 경쟁은 사람들로 하여금 훨씬 더 열심히 일하게 만든다. 그리고 그 어느 누구도 폭리를 취하기가 어렵게 만든다. 금방 경쟁이 생기기 때문이다. 그러면서 사회 전체적으로는 떡이 훨씬 더 빨리 크는 것이다.

이런 면에서 시장은 오묘한 곳이다. 그렇기 때문에 애덤 스미스는 "우리가 매일 아침 신선한 고기를 먹을 수 있는 것은 절대 정육점 주인의 선의 때문이 아니다. 바로 그들의 욕심 때문이다"라고 했던 것이다.

결론적으로 '시장'이라는 것은 사실 인류가 발명한 수많은 제도들 중에 인류에게 가장 큰 도움을 준 제도다. 무엇

보다 시장은 인류를 신과 경쟁할 정도의 동물로 출세시킨
핵심적 기제다.

시장이 그래도 제일 공평한 곳

시장의 장점은 가격을 결정하는 데 있어 그래도 제일
공평한 시스템이라는 것이다.

시장은 독불장군을 허용하지 않는다. 시장에서는 어느
누구도 "내 말을 들어라"고 강제할 수가 없다. 예를 들어
누군가가 "나는 이것을 만 원은 받아야겠다"고 호언을 하
더라도 다른 사람이 옆에서 "여기 8,000원짜리도 있어" 하
면 절대로 만 원에 팔 수 없는 곳이 바로 시장이다. 자동적
으로 견제가 된다. 그 사람을 견제하기 위해 무력을 쓸 필
요도, 소리를 칠 필요도 없다.

또, 시장의 장점은 열심히 하라고 시킬 필요가 없다는
것이다. 이래라저래라 요구할 필요도 없고, 소리 칠 필요
도, 떠밀 필요도 없다. 그런데도 열심히들 한다. 왜냐하면

모두 자기의 이익을 위해 뛰기 때문이다. 그래서 '자유와 선택'은 인간으로 하여금 남이 시켜서 할 때와는 비교가 되지 않는 에너지와 열정을 발휘하게 하는 것이다.

시장은 공평하다. '선착순'은 일찍 와서 기다린 사람이 일찍 용무를 보게 해주는 제도다. 예를 들어 마이크 타이슨이 정해주는 곳에서는 그에게 잘 보이는 것이 제일 중요하다. 누가 일찍 왔건 관계가 없다. 새벽에 더 일찍 나온 사람이 조금이라도 더 돈을 벌게 만들어주는 곳이 시장이 아닌가?

물론 시장이 공평하지 않을 때도 있다. 그것은 규칙이 지켜지지 않을 때다. '새치기'를 하는 사람들이 있을 때 그 시장은 공정하지 않게 된다. 그래서 뒤에서 자세히 이야기 하겠지만, 시장의 핵심 요건은 규칙을 지키는 것이다. '법과 질서'는 시장을 옹호하는 보수의 핵심적인 가치 중의 하나다.

시장의 숙명적 단점

이 모든 장점에도 불구하고 시장에 분명히 단점도 있다. 그것은 매우 심각한 것이다. 그것은 패자를 낳는다는 점이다. 그러나 그것은 숙명이다.

시장은 한마디로 '경쟁'이기 때문이다. 자유가 있는 곳에는 반드시 경쟁이 생긴다. 모든 경쟁은 승자와 패자를 낳는다. 패자는 불쌍하다. 패자가 없이 경쟁의 좋은 점만 취할 수 있으면 좋으련만 그것은 불가능하다. 인류는 공산주의라는 비싼 실험을 통해 그것을 알게 되었다. 즉, 패자를 없애는 것은 승자도 없애고 패자도 없애고 모두를 거지로 만들 뿐이라는 사실을 우리 모두가 알게 된 것이다.

그렇다고 패자를 방기할 수는 없다. 그에 대한 배려가 반드시 있어야 한다. 배려를 중요하게 생각하는 사람들을 우리는 '진보'라 부른다.

보수의 영혼

3장

'보수 대 진보'의
숙명적 경쟁과 갈등

01

진보의 등장 :
자유와 평등 간의 갈등

인류는 자유를 통해 '배고픈' 문제를 엄청나게 많이 해결했다. 그리고 함부로 잡혀가지도 않게 되었다. 그렇다면 '배 아픈' 문제는 어떻게 되었나? 사실 어떤 면에서는 더 고통스러워졌다. 옛날에도 귀족과 평민 간에는 엄청난 빈부 격차가 있었다. 그러나 평민들은 그것 때문에 그렇게 심적인 고통을 받지는 않을 수 있었다. 팔자소관으로 돌리고 체념하면 되었기 때문이다.

그러나 이제는 다르다. 얼마 전까지 나와 별반 다르지

않았던 친구가 사업이 잘 되어 어느 날 갑자기 부자가 되어서 으스대는 것을 보게 되면 사실 나의 배는 훨씬 더 아플 수 있다. 체념하기도 쉽지 않다. 여기에 '자유'의 어두운 그림자가 있는 것이다. 자유는 '배고픈 자'를 줄이는 데는 크나큰 기여를 했지만, '배 아픈 자'를 양산할 수밖에 없는 숙명적 약점이 있는 것이다. 그것은 어떻게 보면 인류가 풍요하게 살기 위해 치를 수밖에 없는 대가다. 그래서 '진보'가 나온 것이다.

다음과 같은 상황을 생각해보자. 내가 만일 책 1만 권을 강당 한곳에 수북이 쌓아놓고 돈이 필요한 100명의 시민들에게 이렇게 이야기한다고 하자.

"여러분, 이 책을 가지고 나가서 파세요. 가격은 권당 2만 원이며, 한 권을 팔 때마다 만 원씩 드리겠습니다."

이에 사람들은 각자 열심히 책을 팔기 시작했다. 그러면 시간이 지나면서 사람들 간에는 분명히 격차가 생기기 시작할 것이다. 2주 정도 지나면서 어떤 사람은 500권, 어떤 사람은 100권, 어떤 사람은 10권, 어떤 사람은 2~3권, 어떤 사람은 한 권도 못 팔 것이다. 즉, 어떤 사람은 몇백만 원을 벌지만 어떤 사람은 몇만 원도 못 버는 결과가 나타나는 것이다. 아마도 몇백만 원 이상 버는 사람보다 몇 십만 원도 못 버는 사람 수가 훨씬 더 많을 것이다.

그렇게 되면 반드시 조금밖에 돈을 벌지 못한 다수의 사람들이 '배가 아프기' 시작한다. 이 사람들의 좌절감과 불만은 시간이 지나면서 커질 것이다. 그러면 이 불쌍한 사람들에게 도움을 줘야 한다고 생각하는 사람들이 생기기 시작한다. 강당에 남은 책이 1~2천 권밖에 되지 않는 상황에 이르면, "이제 남은 책에 대해서는 이미 30권 이상 판 사람은 더 이상 못 팔게 하자. 그리고 30권도 못 판 사람들만 팔게 해야 한다"고 외치는 사람이 생기게 된다. 이런 사람들이 바로 '진보'다. 이 외침의 본질은 바로 자유를 제한하자는 것이다.

이런 배 아픈 사람의 마음을 어루만지고 그들을 위해 무엇인가를 해야겠다고 생각하는 사람은 필요하다. 그런 사람이 하나도 없으면 어떻게 될까? 매일매일 책 재고가 줄어드는 것을 보다가 참다못해 극단적 행동을 하는 사람들이 나타날 수 있다. 모여서 농성을 하고, 바리케이드를 치기도 하고, 극단적으로는 밤에 누군가가 와서 홧김에 책들에 불을 질러버릴 수도 있다. 즉, 판을 엎어버릴 수도 있는 것이다. 이것이 혁명이다. 그것은 모두에게 큰 손해다. 그래서 미리미리 손을 써서 이런 사람들에게도 혜택이 돌아가도록 하자고 주장하는 사람들이 있게 마련이다. 이들이 바로 '진보'다.

진보란 한마디로 자유가 주어졌을 때 불가피하게 발생하는 '불평등'을 교정하자는 이념이다. 그런데 문제는 그것을 교정하려면 대부분의 경우 자유를 일정 부분 희생해야 한다는 점이다. 즉, 한 사람당 팔 수 있는 책의 숫자, 또는 자격을 제한해야 하는 것이다.

결국, 보수가 추구하는 것이 '자유와 선택'이라면 진보가 추구하는 것은 '공평과 평등'이다. 자유를 통해 떡을 키우더라도 평등이 없으면 결국 그것은 소수의 사람의 배만 불리는 결과가 된다는 생각에, 자유를 다소 제한해서라도 공평과 평등을 추구해야 한다는 것이다. 그런 면에서 자유를 가장 중요한 신성한 가치로 신봉하는 보수와 진보는 영원히 대립하고 갈등할 수밖에 없는 숙명적인 관계다.

한 나라에서 '자유와 선택의 원리'에 비해 '공평과 평등'의 원리를 추구하는 세력이 너무 약할 때는 그 나라가 지속적인 발전을 할 수 없다. 이것은 역사가 증명하는 법칙

보수의 영혼

이다. 대표적인 나라가 필리핀이다. 필리핀은 1960년대에 이미 선진국의 반열에 올랐던 아시아에서도 드문 복 받은 나라였다. 그러나 약자와 빈자를 챙기는 이념 그룹, 즉 '진보'가 너무 약했기 때문에 결국 그것이 가져오는 모순을 극복하지 못하고 더 이상 발전하지 못하다가 지금은 이미 수십 년 동안 후진국으로 머물고 있다.

진보는 단순히 경제적 약자만 챙기는 것이 아니다. 이 세상의 모든 약자와 차별받는 소외자들을 챙기자는 것이 진보의 생각이다. 그래서 진보는 인종적 소수자, 지역적 소수자, 동성애자, 장애인 등의 권익을 챙기는 일도 중요시한다. 이는 사회 전체의 발전을 위해서는 필요한 생각이며, 고귀한 신념이기도 하다.

불평등의 순기능

'불평등'이 무조건 나쁘기만 한 것인가? 그렇지 않다. 바로 그 '불평등' 때문에 인간은 '꿈'을 꿀 수 있게 되었다.

즉, 과거와는 달리 이제는 스스로 열심히 노력하면 그 격차를 해소시킬 수 있는 가능성이 있다는 것이다.

'꿈'이란 인간의 삶에서 가장 중요한 요소 중의 하나다. 그 꿈은 인간으로 하여금 열심히, 성실히, 소망을 가지고 살 수 있게 만들어준다. 이 '열심', '성실', '소망'이 경쟁을 낳고, 이 경쟁이 지구촌의 떡을 엄청나게 키워왔다. 100배 빨리 경제가 성장해온 큰 요인 중의 하나다.

그럼에도 불구하고 빈부의 격차는 많은 사람의 마음을 아프게 했다. '같은' 사람인데 어떤 사람은 저렇게 잘살고, 어떤 사람은 이렇게 못살아야 한다는 사실을 받아들일 수 없는 사람들이 대규모로 생기기 시작했다. 그래서 이 지구촌에 '진보'가 생기게 되었고, 또 그렇게 많아진 것이다.

진보는 바로 이런 '약자를 돌보자'라는 이념 때문에 사람들의 호응을 받기가 쉽다. 특히 동정심이나 애타심이 큰 사람들, 혹은 넉넉한 형편에서 자라 물질적인 욕심이 별로 없는 사람이 진보가 되기 쉽다. 일제 시대 우리나라의 수많은 동경 유학생들, 유학 갈 정도로 풍요한 가정 형편에서 잘 자란 젊은이들 중에 보수보다 진보가 훨씬 더 많았다는 사실이 그것을 반증한다.

02
보수와 진보의 또 하나의 다른 점: 보수는 '전체'를 보고, 진보는 '부분'을 본다

보수는 '자유', 진보는 '평등'을 추구한다. 그러나 또 다른 중요한 차이가 하나 있다. 그것은 세상을 보는 관점의 차이이다. 이 관점의 차이가 보수와 진보라는 개념을 매우 혼란스럽게 한다. 어떤 차이인가?

사람 사는 곳에는 항상 두 영역이 있다. 즉, '전체'가 있고 그 전체를 구성하는 '부분'이 있다. 예를 들어, 한 마을을 보자. 거기에는 마을 공동체라는 '전체'가 있고, 그 마을의 주민 개개인이라는 '부분'이 있는 것이다. 즉, 국가 전체가 있고 개개의 국민이 있는 것이다. 그런데 문제는 이 공동체 전체의 이익과 그 구성원 개인의 이익이 항상 일치하지는 않는다는 것이다. 전체에게 좋은 것이 개인에게는 좋지 않고, 반면에 개인에게 좋은 것이 전체에게는 좋지 않은 때가 있다.

예컨대 사형 제도를 보자. 사형 제도는 법과 질서를 지키자는 면에서는 공동체 전체에게는 좋을 수 있다. 그런 제도가 있음으로써 누군가가 흉악한 범죄를 저지르려고 하다가도 다시 한번 생각하게 하니까. 그러나 사형을 당하는 '개인'의 입장에서 보면 그것은 무척 가혹할 수 있다. 무기징역 정도로 해도 충분히 응징이 될 텐데 왜 사형까지 시키느냐고 생각할 수 있다.

보수는 '전체'와 '부분' 중 '전체'의 이익을 더 중요하게 생각하는 사람들이다. 즉, 거시적으로 보는 것이다. 그래서 보수는 일반적으로 사형제에 찬성한다. 반면 진보는 전체보다 그 구성원 '개인'의 입장을 더 중시한다. 미시적으로 보는 것이다. 그래서 사형제에 반대한다.

이러한 관점의 차이는 어떻게 생겨났을까? 그것은 보수와 진보가 각각 그들의 본연적 역할, 즉 보수는 '자유', 진보는 '평등'이라는 가치를 추구하는 과정에서 자연스럽게 형성된 차이다.

우선 자유를 중시하는 보수를 보자. 자유란 기본적으로 공동체 전체를 아우르는 제도가 있어야 가능한 것이다. 한 개인만을 위한 자유란 의미가 없기 때문이다. 그렇기 때문에 보수는 자연스럽게 항상 모든 이슈를 습관적으로 공동체 전체의 관점에서 보게 되었다. 즉, 모든 것을 거시적으로 보는 전통과 습관을 갖게 된 것이다.

그렇다면 진보는 왜 전체보다 부분, 즉 '개인'을 우선시할까? 그것 역시 진보가 '평등'이라는 자신들의 본질적 가치를 추구하는 가운데 자연스럽게 형성된 습관이다. 평등이란 기본적으로 한 개인의 형편을 다른 개인 또는 그룹의 그것과 비교하는 개념이다. 따라서 개인에게 포커스가 맞춰질 수밖에 없다. 그러다 보니 자연히 미시적으로 보는 전통과 습관을 갖게 된 것이다.

보수와 진보의 이러한 시각 차이를 보여주는 예는 사형제 외에도 많다. 예를 들어 대형마트의 영업시간 제한 문제를 보자. 대형마트가 인기를 끌어 사람들이 그쪽으로 몰리면서 인근의 재래시장들이 심하게 타격을 받는 상황이 생기기 시작했다. 그래서 이들 재래시장 상인들을 보호하기 위해 대형마트의 영업시간을 제한하자는 안이 나왔다. 즉, 한 달에 몇 번 정기 휴무를 강제하자는 것이다.

이 이슈에 대해 보수와 진보의 입장은 갈린다. 진보는 당연히 찬성이다. 불쌍한 소수의 재래상인들, 즉 부분을 생각하면 당연히 용납해야 한다고 생각하는 것이다. 그러나 보수는 이에 반대한다. 몇몇 재래시장 상인의 이익이라는 미시적 시각에서 보면 그것이 좋겠지만, 그 인근에 사는 수십만 시민이 편하고 저렴하게 장을 볼 수 있는 이익, 즉 전체의 이익을 희생시켜서는 안 된다고 생각하는 것이다. 그 불쌍한 재래상인은 다른 방법으로 도와야 한다는 것이 보수의 생각이다.

또 다른 예는 정리해고에 대한 입장이다. 진보는 정리해고에 대해 매우 비판적이다. 해고당하는 직원 개인의 입장에서 보면 정리해고는 무척 나쁜 것이다. 그러나 보수가 보는 눈은 다르다. 거시적인 관점, 즉 사회 전체적 관점에서 보면 정리해고는 자유롭게 하게 해주는 것이 옳다는 것이다.

정리해고란 어떤 직원이 능력이나 자질이 부족해서가

아니라 회사의 재무적 형편이 그 사람을 계속 고용할 형편이 되지 않아서 내보내는 것이다. 회사란 '알을 낳는 닭'이다. 우선 닭이 건강해져야 모두에게 이익이 된다. 나가는 사람 개인을 불쌍하게 생각해서 해고를 못하게 하거나 어렵게 해서 회사가 망하면 그것은 정리해고 당하는 몇 명이 아니라 수십, 수백 명의 직원 전체에게 엄청난 피해를 주는 것이다.

그래서 사회 전체의 이익을 생각하면 정리해고를 자유롭게 허용해주는 것이 맞다는 것이 보수의 생각이다. 회사가 강해지면 일할 사람을 더 필요로 하게 되고, 일자리가 많아지면 다시 직장을 얻을 수도 있을 뿐 아니라 기업 간에 경쟁이 생겨 월급도 오르게 되므로, 결국 가장 큰 수혜자는 바로 근로자들이 된다는 것이다. 보수가 냉혈한이라서가 아니라 크게 보면 그것이 더 '따뜻한 마음'이라는 것이다(이 문제는 뒤에서 더 자세히 다룬다).

그래서 개별 기업의 도산도 필요하면 얼마든지 허용되어야 한다는 것이 보수의 입장이다. 그 개별 기업의 입장에서 보면 불쌍하다. 그러나 크게 보면 그렇지 않다는 것이다. 기업이 도산한다는 것은 생산의 요소, 즉 자본, 인력, 설비를 경쟁 기업에 비해 효율적으로 쓰지 못하고 있다는 이야기다. 예를 들어 경쟁자인 A기업은 100을 투자해 150을 산출해내는데 B기업은 100을 투자해 120밖에 산출해내지 못한다면, 결국 B기업은 경쟁에서 밀려 망할 수밖에 없다. 비능률적인 B기업이 도산하고 그 시장을 능률적인 A기업이 차지하게 되면 사회 전체에 30만큼의 재화가 더 생기게 된다. 사회가 그만큼 더 부자가 되는 것이다. 이런 현상이 수백, 수천 개의 기업에서 발생하면 사회 전체는 그만큼 더 부자가 된다. 일자리도 더 많아지고 월급도 더 올라간다. 단기적으로 보면 도산한 B기업의 임직원들에게는 불행한 일이지만, 결국 그 사람들도 더 부자가 된 사회 전체의 혜택을 받게 될 것이다. 크게, 즉 거시적으로 보면 그것이 더 인민을 위하는 길이라는 것이다.

4장

'자유와 선택'을 빼앗겨서
심하게 불행한 대한민국 국민

01

대한민국을 세계적 자살 공화국으로
만든 세 가지 고통

UN 산하에 SDSN Sustainable Development Solutions Network (지속 가능한 발전을 위한 해법 네트워크)이라는 기관이 있다. 이 기관은 매년 전 세계 여러 나라들을 대상으로 국민 행복도를 조사하고 있는데, 2019년 한국은 156개국 중 54위를 기록했다. 경제적 풍요의 면에서는 10위권인 한국이 행복의 면에서는 54위라니 딱한 일이다.

그런데 정말 걱정인 것은 이 순위가 계속 떨어지고 있다는 사실이다. 2015년에는 47위였다. 아시아의 주요 국가 중 한국보다 순위가 낮은 나라는 중국밖에 없다. 대만, 싱가포르, 일본 등이 다 한국보다 높았다. 정치적 자유가 거의 없는 독재 국가 중국만이 우리보다 낮다는 사실은 충격적이다.

이 보고서는 그 이유에 대하여, 한국인이 삶에서 당연히 누려야 할 '선택'의 권리가 너무 제한되어 있기 때문이라 분석했다.

우리 국민의 삶은 사실 외면적 화려함에 비해 자세히 보면 너무나 비참하다. 이것을 가장 웅변적으로 보여주는 통계가 바로 자살률이다. 2018년 한 해를 제외하고 대한민국은 세계 1위 자살 공화국이라는 불명예를 놓치지 않고 있다.

그 이유가 무엇일까? 한마디로 우리 국민은 사실 너무나 많은 면에서 삶의 가장 중요한 요소인 '선택'을 빼앗긴 채 살고 있기 때문이다. 우리는 왜 선택을 빼앗겼는가? 그건 자유를 빼앗겼기 때문이다. 자유를 빼앗겼다는 말은 무슨 의미인가? 한마디로, 우리 국민 삶의 가장 중요한 부분에서 '자유와 선택의 원리'가 작동되고 있지 않다는 말이다. 너무나 많은 분야에서 '자유와 선택의 원리' 대신 '명령

보수의 영혼

의 원리'가 작동하고 있다. 즉, 우리 국민을 속박하고 있는
멍에들이 너무 많다.

정치, 경제, 사회의 각 분야에서 자유를 박탈당한 대표
적인 예를 하나씩만 들어보면 다음과 같다.

- 사회 분야 : 국민에게 영겁의 고통을 주고 있는 교육
  아수라장
- 정치 분야 : 패싸움으로 날밤을 새우는 정치
- 경제 분야 : 90% 근로자의 희생 위에 특권 만끽하는
  10%의 노조

문제는 이 세 가지 불행의 원천이 다 똑같다는 것이다.
그것은 한마디로 '자유와 선택의 원리'가 작동하지 않고
있다는 것이다.

02
사회: 국민에게 영겁의 고통을
주고 있는 교육 아수라장

교육 문제는 우리 모든 국민에게 영겁의 고통이다. 이 것이 아마 우리 국민이 전체적으로 행복하지 못한 가장 큰 이유일 것이다. 한마디로, 끊임없는 불안과 걱정, 갈등의 원천이다. 교육은 우리 국민의 절대 다수를 도저히 빠져나 올 수 없는 영겁의 고통 속에 가두고 있다.

문제는 우리가 그 어느 나라에 비해서도 교육에 대한 투자를 많이 하고 있는데도 그렇다는 사실이다. 우리 국민 들은 입시 지옥으로 유명한 일본의 국민들보다도 소득에서 과외비로 2~3배를 더 쓰고 있다. 그런데도 교육 투자의 효율성 지수는 OECD 국가들 중 최하위다. 연간 15조 원에 이르는 사교육 비용뿐만 아니라 어린 학생들의 자살, 정신병, 학교 폭력 등 그 피해는 참으로 다양하고도 깊다. 왜 전 세계 다른 나라들은 아무렇지도 않은데 유독 한국에만 이런 일이 일어나고 있을까?

답은 간단하다. 우리 교육에 '자유와 선택의 원리'가 작동하지 않고 있기 때문이다. 다른 말로, 교육에 있어 우리 학생들이 선택을 빼앗겨버렸기 때문이다. 초등학교, 중학교, 고등학교를 가는 데 있어 대부분 우리 학생들에게는 선택이 없다. '뺑뺑이'라는 것은 다른 말로 '선택을 빼앗는다'는 뜻이다. 우리 중고등학교 교육은 떡을 하나씩 던져주는 배급제의 전형이다. 우리는 어떤 식으로 학생들로부터 '선택'을 빼앗고 있는가?

세계 다른 나라와 마찬가지로 우리나라 학생들에게도 크게 보아 두 가지 타입이 있을 것이다. 첫째, '행복 지향형'이다. "나는 공부로 경쟁하는 것 싫다. 축구나 하고 게임도 즐기면서 즐겁게 살다가 뺑뺑이 돌려서 중학교도 가고 고등학교도 가고 싶다. 어느 학교든 별 관계가 없다. 나중에 졸업하면 적당히 취직해서 평범하게 소시민으로 살아도 족하다."

둘째, '성공 지향형'이다. "나는 좀 어렵더라도 열심히 공부하고 남과 경쟁하여 엘리트 코스를 가고 싶다. 그래서 성공하여 존경받고 부모님도 기쁘게 해드리고 싶다."

좋은 사회란 어떤 사회인가? 이 두 타입의 학생에게 각기 그들에게 맞는 길을 열어주는 사회다. 즉, 경쟁을 싫어하는 사람에게는 '뺑뺑이의 길'을, 경쟁하고 싶어 하는 사람에게는 '경쟁의 길'을 열어주는 사회다. 아이젠하워의 말대로, 잔디밭을 가로질러 가고 싶어 하는 사람에게는 그렇게 해주고, 돌아가고 싶어 하는 사람에게는 돌아가게 해줄 때 그 사회가 좋은 사회가 되는 것이다. 그런 것이 바로 '자유와 선택의 원리'다.

그런데 우리는 청소년들로부터 그런 선택을 빼앗아버렸다. 사실상 모두를 한 우리 속으로 집어넣어 버린 것이다. 그래서 아비규환이 벌어지고 있는 것이다.

이런 구조는 아비규환을 불러올 수밖에 없다. 왜? 간단하다. 우리나라 학교의 교실을 생각해보라. 뺑뺑이 제도이기 때문에 교실에는 '행복 지향형'과 '성공 지향형'의 전혀

보수의 영혼

다른 타입의 학생들이 한 우리 속에 던져져 있다. 전혀 동기가 다른 학생들이 같이 모여 있는 것이다. 그리고 동기가 다르니 학업 성취도도 엄청나게 차이가 있을 것이다.

이렇게 근본적으로 이질적인 학생들이 한 교실에 모여 수업을 받으면 어떻게 될까? 이 반을 지도해야 하는 교사는 도대체 어떤 그룹을 기준으로 가르쳐야 할까? 대답은 한 가지다. 이 이질적인 두 그룹의 중간 정도의 어중간한 수준에서 가르칠 수밖에 없다.

그런데 경쟁하고 싶어 하는 성공 지향형 학생들의 경쟁 상대는 누구인가? 같은 반 친구들이 아니다. 다른 학교에 있는 성공 지향형 학생들이다. 그들은 중간 수준을 대상으로 하는 수업만으로는 도저히 다른 학교의 성공 지향형 학생들과 제대로 경쟁할 수가 없다. 그렇다면 어떻게 해야 하나? 과외를 할 수밖에 없는 것이다. 우리 사회가 과외 지옥이 된 것은 바로 이 때문이다.

그렇다고 하위 그룹인 행복 지향형 학생들은 만족할 것인가? 별로 그렇지 않을 것이다. 그들 중 대부분은 성공 지향형 급우들과 자신을 비교해보면서 이질감과 열등감에 시달릴 수도 있다.

다른 나라의 교육 제도

그러면 혹자는 이렇게 질문할 것이다. "모르는 소리 하지 마라. 독일, 프랑스 같은 나라는 이미 오래전부터 중고등학교를 평준화하여 사실상 모두 뺑뺑이로 진학하게 돼 있는데도 잘만 살고 있지 않나?"

이 질문을 하는 사람은 중요한 사실을 하나 모르고 있다. 그것은 독일이나 프랑스 같은 나라들은 중고등학교뿐만 아니라 대학도 사실상 뺑뺑이라는 것이다. 즉, 누구나 원한다면 대학에 갈 수 있으며, 더 중요한 사실은 대학들 간에도 우열이 없다는 것이다.

유럽의 교육 제도가 이런 것은 이 나라들이 교육이라는 서비스를 보는 시각이 우리와 근본적으로 다르기 때문이다. 이들 나라에서 교육은 경찰, 소방 서비스처럼 국가가 모든 국민에게 당연히 공평하게 제공해야 하는 기본 서비스 같은 것이다. 그래서 중고등학교뿐 아니라 대학까지도 평준화를 시켰다. 대학이 모두 공립이고 평준화되어 있으니 중고등학교를 뺑뺑이로 가도 좋은 대학에 가야 한다는

보수의 영혼

압력이 없다. 그러니 과외도 필요 없고, 중고등학생들이 스트레스 없이 행복한 것이다. 이들 나라의 진정한 경쟁은 대학원 입학 과정에서 일어난다.

우리나라는 교육을 경찰, 소방 서비스처럼 국가가 당연히 제공해야 할 기본적인 서비스로 생각하지 않고, 각자가 노력해서 획득해야 하는 서비스로 생각한다. 그리고 우리나라 부모들은 유교적 전통 때문에 자식을 대학 보내는 것을 부모로서의 필수적 의무라고 생각한다. 그것도 최대한 좋은 대학으로. 그러니 필요하다면 논밭과 집을 다 팔아서라도 자식을 대학, 그것도 좋은 대학에 보내고자 한다. 그런데 중고등학교는 평준화를 해놓고 대학은 서열화를 해놓으니 중고등학교에서 아비규환이 일어날 수밖에 없는 것이다.

대학 레벨에서 선택을 주려면 중고등학교에도 선택을 주어야 한다. 대학은 자유 경쟁으로 들어가게 해놓고 중고등학교는 뺑뺑이로 한다는 것은 어불성설이다. 극단적인 미스 매치다. 이런 면에서 우리의 교육 제도는 미국과 유럽의 짬뽕이다. 그런데 엄청나게 '잘못된 짬뽕'인 것이다.

대학에 자유를 주어 대학 간 우열을 허용한다면, 중고

등학교 단계에서도 자유, 즉 선택의 기회를 주어야 한다. 박정희 대통령이 중고교 평준화라는 대개혁을 하면서 이 점을 생각하지 못했던 것은 우리 국민에게 참으로 불행한 일이었다. 그 판단 착오가 지금 우리 국민을 영겁의 고통 속으로 몰아넣고 있는 것이다.

미국식 제도와 유럽식 제도는 각각 장단점이 있다. 중요한 것은 미국 국민이나 유럽 국민 모두 자신들의 교육 제도에 대해 대체로 만족하고 있다는 사실이다. 그렇기 때문에 어느 것이 옳다고 단정할 수는 없다. 이것은 우리 국민의 선택의 문제다.

그럼 미국과 유럽의 교육 제도를 구체적으로 비교해보자.

미국의 대학 교육 제도

미국의 교육 제도는 근본적으로 '자유와 선택의 원리'에 기초하고 있다. 학생들에게 선택의 자유를 최대한 허용하

보수의 영혼

는 제도인 것이다.

우선, 미국은 교육에 있어 각 주州에 최대한의 재량을 부여하고 있다. 각 주의 대학은 크게 공립인 주립대학과 사립대학으로 구분한다.

1. 주립대학

주립대학은 우선 그 주의 주민은 원하면 대부분 다 입학할 수 있다. 입학 기준은 높이지 않으면서 학비는 최대한 저렴하게 해서 사실상 주민 중 대학 교육을 받고 싶은 사람은 누구나 별 어려움 없이 받을 수 있게 해준다. 한마디로 '행복 지향형' 학생들이 대학 입학 걱정을 할 필요가 별로 없는 것이다.

그런데 각 주의 주립대학 간에 경쟁이 붙어 지금의 미국 주립대학 중에는 어느 사립대학에 견주어도 밀리지 않을 정도로 명성을 누리는 대학들이 많아졌다. 예를 들어 미시간 주립대학, 위스콘신 주립대학 등이다.

2. 사립대학

사립대학은 문자 그대로 사립, 즉 독지가가 자기 재산

을 들여 만든 대학이다. 미국 사립대학들의 가장 큰 특징은 그들 간에 엄청난 경쟁이 벌어지고 있다는 점이다. 그들은 좋은 교육을 제공하고 뛰어난 연구 업적을 냄으로써 우수한 학생들이 더 많이 지원하도록, 또 기부금을 많이 유치할 수 있도록 치열한 경쟁을 하고 있다. 그리고 등록금이 엄청나게 비싸다.

그러면 '그런 대학은 부잣집 자녀들만 들어갈 수 있는 것 아닌가?' 하고 생각할 수 있겠지만, 그렇지 않다. 풍성한 장학금들이 많기 때문이다. 미국의 사립대학들은 결국 우수한 학생들을 많이 유치하는 것이 대학의 미래를 결정하는 가장 중요한 요소라는 것을 잘 안다. 그래서 우수한 학생들에게는 '돈이 없어 공부를 못 하는 일'이 없도록 온갖 형태의 장학금 제도를 운영한다. 또한 우수한 학생들을 서로 뽑아 가기 위해 엄청난 경쟁을 한다. 한마디로, 미국에서는 우수한데 돈이 없어 좋은 대학에 못 가는 학생은 거의 없다고 해도 과언이 아니다.

이러한 큰 그림은 미국의 중고등학교에도 대체로 적용되고 있다. 중고등학교 레벨에도 사립학교가 있다. 물론 매우 비싸다. 그러나 다양한 장학금 제도가 많아 그 돈으로 전국 각지의 우수한 학생들을 유인한다. 그러나 미국의 공립 중고등학교도 충분히 좋기 때문에 중고등학교 레벨에서 사립학교에 가려고 하는 중산층 학생들은 매우 소수다.

이처럼 미국은 '자유와 선택의 원리'에 기반하여 수요자인 학생들에게 자기 입맛에 맞는 교육을 택할 수 있도록 다양한 '선택'들을 제공하고 있다. 그렇기 때문에 '행복 지향형' 학생은 거기에 맞게, '성공 지향형 학생'은 또 거기에 맞게 학교를 '선택'하는 것이다.

미국의 대학들은 모두 엄청나게 열심히 혁신을 한다. 이것이 가능한 이유는 한마디로, 미국에는 소위 '교육부'라는 것이 나서서 설치지 않기 때문이다. 즉, 대학들에게 자유를 주기 때문이다. 우리나라와 가장 대비되는 부분이다.

동대문 시장에 가면 골라잡을 것이 많은 이유는 동대문 시장에서는 상인들에게 자유를 주기 때문이다. 자유를 주면 자기 이익을 위해 열심히 고민하기 마련이다. 이것은 정부가 나와서 쓸데없이 설치지 않기 때문에 가능하다. 모든 상인들에게 남을 해치지 않는 한 그들이 원하는 방식으로 장사를 할 수 있게 해주기 때문이다.

똑같은 현상이 미국의 교육 분야에도 일어나고 있는 것이다. 큰 폭의 자유를 부여받은 모든 교육기관들이 경쟁에서 이기기 위해 노심초사하며 학생과 부모들에게 다양한 제도와 기법, 혜택을 고안해내어 제공한다. 각 대학들은 그들의 니즈, 즉 학생들에게 필요한 것이 무엇인가를 끊임없이 생각하고 고민한다. 한마디로 거대한 시장의 원리가 작동하고 있는 것이다. 전 대학들이 이런 식의 경쟁을 하니 그 최대의 수혜자는 누구일까? 바로 국민들이다.

우리에게 교육이 이렇게 영겁의 고통인 것은 우리나라 교육의 전 분야에 '자유와 선택의 원리'가 아니라 '명령의 원리'가 적용되고 있기 때문이다. 자유를 빼앗고 있기 때문이다. 교육부가 설친다.

유럽의 교육 제도

그렇다면 유럽의 교육 제도는 어떠한가? 대표적인 나라로 독일을 보자.

보수의 영혼

독일 교육 제도의 가장 큰 특징은 우리로 치면 4년제 초등학교 졸업 시점에 미래의 진로를 일단 결정한다는 것이다. 학교에서는 학생들 각각의 희망과 적성, 학업성취도 등을 고려하여 다음과 같이 크게 세 가지로 진로를 추천한다.

1. 김나지움Gymnasium : 대학 진학을 위한 인문계 과정(9년제).
2. 레알슐레Realschule : 취업을 목적으로 하는 실업계 과정이지만, 추후 관심과 성적에 따라 대학 진학도 가능함(6년제). 주로 낮은 수준의 전문직(은행 출납원, 비서 등)을 지향한다.
3. 하우프트슐레Hauptschule : 직업학교(5년제). 주로 육체노동을 지향한다.

독일의 학생들은 자신의 희망과 역량에 따라 위 세 가지 진로 중 하나를 선택하게 된다. 물론 누구나 나중에 본인이 원하면 편입 절차를 거쳐 얼마든지 다른 길로 갈 수도 있다. 이 과정에서 시험 같은 것은 없다.

즉, 일찍부터 학생들에게 얼마든지 자신이 원하는 길을 선택하여 갈 수 있게 해주는 것이다. 한마디로 독일식의 '자유와 선택의 원리'가 작동하고 있다. 이 점에서 모든 학생들을 그들의 의사와는 상관없이 무조건 한쪽 방향으로만 몰고 가는 대한민국의 교육 제도와는 근본적으로 다르다.

그러나 독일 교육 제도의 무엇보다 큰 특징은 대학을 포함하여 학교 간 서열이 거의 없다는 것이다. 마치 우리가 경찰 서비스나 소방 서비스에 있어 지역에 따라 품질의 차이가 거의 없는 것과 같다. 이것이 학생들 본인은 물론이고 학부모들의 자식 교육 관련 스트레스를 거의 다 없애준다. 이것이 유럽식 교육 제도의 가장 큰 특징이다.

독일의 한 가지 걱정은 이러한 평준화된 대학의 국제 경쟁력이 다른 나라에 비해 떨어질까 하는 것이다. 그러나 그런 징후는 크게 없다. 이들 나라 대학들은 진정한 입학 경쟁을 대학원 레벨로 올림으로써 중고등학생들 간의 경쟁이 아니라 대학원생들 간의 경쟁으로 만들어버렸다. 대학원 수준에서 치열한 경쟁을 통해 지식 교육에 있어 충분한 국제 경쟁력을 확보하고 있다. 자동차 제조 기술 등 독일이 갖고 있는 탁월한 산업 경쟁력이 그 점을 입증해주고 있다.

미국과 유럽의 교육 제도의 비교

두 제도의 공통점은 둘 다 기본적으로 '자유와 선택의 원리'가 작동하고 있다는 점이다. '행복 지향형'에게는 그에 맞는 길을, '성공 지향형'에게는 또 그에 맞는 길을 열어주는 것이다. 다만 그 방식이 다를 뿐이다.

미국에도 격심한 경쟁이 있다. 우리와의 차이점은 그 경쟁이 '경쟁을 원하는 사람들' 간의 경쟁이라는 것이다. 그렇기 때문에 불평이 훨씬 적다. 이러한 경쟁에 기반한 제도는 수월성 면에서 미국 교육을 세계 최고 수준으로 올려놓았다.

반면 독일식 제도는 학교의 우열을 기반으로 선택을 제공하는 것이 아니라 학생의 진로에 있어 선택을 제공한다. 질적으로는 독일 전역의 학교들이 거의 비슷하기 때문에,

누가 어느 학교에 다니느냐 하는 것을 가지고 열등감이나 우월감을 느끼지 않는다는 것이다.

그러나 진로에 있어서는 일찍부터 '선택'을 제공한다. 즉, 대학까지 가고 싶은 성공 지향형과 그렇지 않은 행복 지향형을 구분해서 그에 맞는 길을 택하도록 해주는 것이다. 그런 면에서 독일에는 나름대로 훌륭한 '자유와 선택의 원리'가 적용되고 있다고 볼 수 있다.

우리 국민의 선택

결국 선택의 문제다. 이제 대한민국 국민도 교육에 있어서 진정한 선택의 기회를 가져야 할 때가 되었다. 우리 국민들이 이제껏 고생한 것으로도 충분하다. 잘못된 '짬뽕 제도', 즉 중고등학교는 평준화하면서 대학은 평준화하지 않은 데서 온 그 엄청난 고통과 질곡의 역사에 마침표를 찍을 때가 되었다.

이런 문제야말로 국민투표가 필요한 사항이다. 이 투표

보수의 영혼

에서는 한 가지만 물어보면 된다.

"교육에 있어 아래 세 가지 모델, 즉 '유럽식 모델'과 '미국식 모델', 그리고 '현재의 한국식 모델' 중 어느 것을 선호하십니까?"

1. 중고등학교뿐 아니라 대학까지 평준화시키는 유럽식 제도.
2. 현재의 대학 입시 제도는 그대로 두되, 중고등학교 전체에 대한 무조건적 뺑뺑이가 아니라, 공립은 뺑뺑이, 사립은 자율 모집제로 하는 것(단, 사립 고등학교에 폭넓은 장학금 장치를 두어 가난한 학생들도 우수하면 입학할 수 있게 함).
3. 현재의 한국식 제도 유지

국민투표 결과가 어떻게 나올까? 추측건대, 현재의 제도를 유지하자는 쪽으로 투표 결과가 나올 가능성은 거의 없다고 본다. 결국 미국식 모델, 유럽식 모델 중 하나로 근본적인 개혁을 하는 쪽으로 결과가 나올 것으로 본다.

미국식이냐 유럽식이냐 하는 것은 결국 보수와 진보의

문제라기보다는 '교육'이라는 서비스를 어떻게 보느냐 하는 관점의 문제다. 교육 서비스를 국가가 일률적으로 제공하는 경찰 서비스, 소방 서비스 같은 공공재로 보는 사람은 아마도 유럽식 모델을 선호할 것이다. 그러나 교육을 공공재가 아닌 특별한 종류의 서비스, 개인이 노력하여 취득해야 하는 서비스로 보는 사람은 아마도 미국식 모델을 선호할 것이다.

결국 국민이 결정할 문제다. 이 결정의 기회를 주는 것이 바로 보수의 사명이다. 보수가 일치단결하여 앞장서서 반드시 이루어내야 할 일이다.

03
정치 : 패싸움으로 날밤을 새우는
한국의 정치

세계의 패싸움 정치의 메카, 대한민국 국회

정치 역시 우리 국민들에게는 영겁의 고통이다. 모두가 다 아는 것처럼, 거칠고 상스럽기 짝이 없는 곳이 바로 대한민국 정치판이다. 전 세계에서 정치판이 우리처럼 이런 식으로 '영원한 패싸움'의 파노라마가 되고 있는 곳은 한군데도 없다. 우리 국민은 이 싸움판 정치에 그렇게 지긋지

긋해하면서도 어떤 행동도 취하지 못하고 비명만 지르고 있다. 왜? 그 원인이 정말 무엇인지를 잘 모르기 때문이다. 정치란 원래 이런 것이겠거니, 다른 나라의 정치판도 우리와 별반 다르지 않겠거니, 이런 식으로 체념하면서 살고 있는 것이다. 과연 그럴까? 천만의 말씀이다. 다른 나라, 적어도 선진국의 정치판은 절대 그런 싸움판이 아니다.

단적인 예로, 미국도 우리나라와 같은 대통령 중심제다. 그러나 미 의사당에서 국회의원들이 싸우거나 삿대질을 하거나 멱살을 잡는 일은 역사상 거의 한 번도 일어나지 않았다. 왜 그럴까? 같은 대통령 중심제이면서도 왜 한 나라는 이틀이 멀다 하고 고함치고 멱살을 잡는데, 다른 나라는 그런 일이 단 한 번도 없을까? 미국 정치인들이 더 점잖아서? 더 교양이 있어서? 천만의 말씀이다.

사실 국회의원들의 자질과 경력은 우리나라가 세계 최고 수준이다. 통계에 의하면, 우리 의원들은 3분의 2 가까이가 변호사, 교수, 박사, 장차관, 기타 전문가로 구성되어 있다고 한다. 이런 나라는 세계 어디에도 없다고 한다. 그런데 어째서 우리만 왜 이렇게 맨날 싸움판을 벌일까?

그 이유는 간단하다. 바로 우리 국회에는 다른 나라와

달리 '자유와 선택의 원리'가 작동하지 않고 있기 때문이다. 즉, '명령의 원리'가 작동하고 있기 때문이다. 전 세계의 모든 개화된 나라 중 대통령 중심제를 택하고 있으면서 우리같이 국회가 '명령의 원리'로 작동하고 있는 곳은 단한 군데도 없다.

한마디로, 우리나라 의원들은 국민의 뜻을 대변하는 당당한 선량이 아니다. 그들은 모두 정당 보스의 '졸개'들이다. 즉, 자신의 의사에 따라 투표하는 것이 아니라 당론, 즉보스들이 명하는 대로 따라야 하는 '졸개'들이다. 무슨 이야기인가?

대통령 중심제하 정당의 기본 작동 원리

왜 그런지를 알기 위해서는 먼저 정치학의 정통 이론에 입각한 정당의 기본 역할을 알아야 한다. 정치학에서 정립된 바, 모든 정당이 전형적으로 수행하는 기능은 다음 세가지다.

1. 이념 기능

정당은 기본적으로 같은 정치 이념을 가진 사람들의 모임이다. 그래서 정당은 표방하는 이념의 틀을 제시해야 한다. 즉, 진보냐 보수냐 아니면 중도냐 하는 것이다.

2. 정치 엘리트 충원 기능

좋은 정치 신인들을 물색하여 선거에 출마하도록 하는 것이다.

3. 선거 기능

각종 선거 운동을 지원, 지휘하여 최대한 많은 당원들이 당선되도록 하는 것이다.

정당이 정책 기능까지 수행하는 것이 맞는가?

그런데 사실 정당이 수행할 수 있는 기능에는 한 가지가 더 있다. 바로 정책 기능이다. 정책 기능이란 개별 법안

보수의 영혼

에 대한 찬반 여부를 어떻게 정하느냐 하는 것이다. 정당이 당론으로 정하는가, 아니면 의원 개개인이 독자적으로 정하도록 하는가 하는 것이다. 이 문제는 그 나라의 정치 체제에 따라 크게 갈린다. 정치학에서 정립된 원칙은 다음과 같다.

내각제하에서는 정당이 바로 이 정책 기능을 수행하는 것이 맞다. 즉, 정당의 수뇌부가 특정 법안에 대한 찬반 여부를 결정하고 전 소속 의원들이 그 결정을 따라 같은 방향으로 투표하는 것이 맞다는 것이다.

그러나 대통령 중심제하에서는 그렇지 않다. 각 법안에 대한 찬반 여부는 정당이 정하는 것이 아니라 개별 국회의원들이 순전히 자기 재량으로 결정해야 한다. 그에 대해서는 당이 관여하지 않으며, 관여해서도 안 된다. 그것은 민주주의라는 제도의 가장 기본적 원칙이다.

결론적으로 이야기하자면, 우리나라 정치가 완전히 '패싸움 정치'가 된 것은 우리 정치 제도의 미스매치mismatch 때문이다. 즉, 체제는 대통령 중심제인데도 불구하고 정당은 내각제 식으로 움직이고 있기 때문이다. 다른 말로, 정당이 자신의 영역이 아닌 '정책 기능'을 수행하고 있기 때문이다. 개별 법안에 대한 찬반 여부를 '당론'으로 결정하고, 그것을 소속 의원들에게 강제하기 때문이다. 이것은 민주주의의 가장 기본 원리에 어긋난다.

왜 그런 제도가 민주주의의 기본 원리에 어긋나는 것일까? 그것을 알기 위해서는 내각제와 대통령 중심제 작동 원리의 근본적인 차이에 대한 이해가 필요하다.

내각제하의 정치 구조와 그 작동 원리

왜 내각제 국가에서는 항상 정당에 당론이 있고, 그 당론에 따라 소속 의원들이 한 방향으로 투표를 하는 것이 민주주의의 원리에 맞을까?

내각제와 대통령제는 한 가지 면에서 근본적인 차이가 있다. 바로 권력을 잡는 주체가 다르다는 것이다. 우리가 잘 아는 대로 대통령제에서는 한 개인이 권력을 잡는다. 예를 들어, 우리나라는 지금 문재인이라는 개인이 권력을 잡고 있다. 그에 반해 내각제는 개인이 아니라 정당이 권력을 잡는다. 즉, 총리라는 개인이 집권하는 것이 아니라 한 정당이 집권한다는 것이다. 예를 들어, 현재 일본은 자민당이라는 정당이 집권하고 있고 그 당의 당수인 '아베'가 총리다. 아베가 물러난다고 정권이 바뀌는 것이 아니다. 후임 당수가 또 총리가 되는 식이다.

개인이 아니라 정당이 하나의 당으로서 집권하기 때문에 그 당이 하나로 뭉쳐 특정 법안에 대해 한 방향으로 투표하는 것은 당연하다.

만일 각 의원들에게 투표의 자유를 주어 각 법안에 대해 자기 의사대로 자유롭게 투표할 수 있게 해주면, 당이 한 개의 단일 주체로서 집권했다는 기본 구도가 붕괴되게 된다. 그렇기 때문에 한 정당의 모든 의원들로 하여금 당의 명령에 따르도록 하는 것이 원칙적으로 맞는 것이다.

내각제의 또 하나의 가장 큰 특징은 정권 교체가 언제라도 가능하다는 점이다. 즉, 정권에 임기가 없다. 그 통치에 대한 국민의 불만이 고조되면 집권 한 달 만에라도 국회는 해산될 수 있고, 새로운 총선을 통해 다른 당이 집권할 수 있다. 이런 심판의 기회가 항상 국민에게 열려 있기 때문에, 내각제하에서는 개별 법안에 대해 일일이 국민의

뜻을 파악하고 그를 반영할 필요가 없다. 국민에게는 나라
의 주인으로서 언제나 국회를 해산하고 총선을 새로 치를
수 있는, 즉 도매금으로 정권을 심판할 수 있는 길이 열려
있기 때문이다.

그렇기 때문에 당의 수뇌부가 정하는 당론에 따라 의원
들이 한 방향으로 투표해도 '국민 주권의 원칙'이 위배되
는 것이 아니다. 즉, 국회 내에 '자유와 선택의 원리'가 아
니라 '명령의 원리'가 작동되어도 문제가 없다는 것이다.

대통령제하에서의 당의 작동 원리

그러나 대통령제는 다르다. 대통령 중심제는 정당이 집
권하는 것이 아니라 한 개인이 집권하는 것이다. 그리고
한 번 선출하면 원칙적으로 임기 중에는 바꿀 수 없다. 그
렇다면 이 임기 동안 국민의 뜻은 어떻게 국정에 반영되는
가? 예를 들어 대통령에 대한 지지와 견제는 어떻게 하는
가? 바로 자신들이 뽑은 국회의원들을 통해 한다. 어떻게?

보수의 영혼

간단하다.

각 의원들이 각자 지역 주민의 뜻을 반영하도록 하면 된다. 어떻게 하나? 간단하다. 의원들에게 자유를 주면 된다. 즉, 의원들로 하여금 특정 법안에 대한 찬반 여부를 결정할 때 자기 재량으로 결정할 수 있게 해주면 된다. 재량이 주어지면 의원들은 그것을 어떻게 행사할까? 무엇을 가장 중요한 기준으로 찬반 여부를 결정할까? 당연히 지역 구민의 의견이다. 그래야 다음 선거에서 당선될 가능성이 높아질 것이기 때문이다.

미국의 지역구민들은 선거 때가 되면 자신들이 뽑은 의원의 지난 4년간 투표 기록을 참고로 한다. 자신들이 뽑은 의원이 그동안 자신들의 의견을 얼마나 국정에 반영했는가를 분석하는 것이다. 예를 들어, 수입 철강 때문에 고생하는 철강 공장 직원은 무역 자유화 관련 법안에 대해 자기가 뽑은 국회의원이 어떻게 투표했는가를 챙겨 보는 것이다.

이 투표 기록 분석 결과가 그 사람에게는 다음 선거에서 그 의원에게 투표를 할지 말지를 결정하는 중요한 요소가 되는 것이다. 그렇기 때문에 모든 의원은 각 법안에 대해 투표할 때 자기 지역 구민들의 이해관계, 그들의 성향, 의견 등을 충분히 고려하게 된다. 그런 뒤 가능한 한 지역 구민 과반수의 뜻을 반영하는 방향으로 투표한다.

모든 의원들이 이렇게 한다고 생각해보라. 그 결과는 어떨까? 자연히 국민 전체의 뜻이 자연스럽게 국회로 수렴될 것이다. 즉, 의사당이 국민의 뜻을 반영하는 거울이 되는 것이다.

예를 들어 가난한 사람들에 대한 구제를 더 많이 하기 위해 세금을 올리는 법안이 상정되었다고 하자. 민주 국가라면 국민의 과반수가 이를 찬성할 때 실행하는 것이 맞다. 반대로 국민의 과반수가 이에 반대하면 안 하는 것이 맞다. 이 국민의 뜻을 각 의원들이 지역구민들의 의사를 수렴해서 투표한다면 그 투표 결과가 바로 국민의 뜻을 반영한 결과가 되는 것이다. 이것이 진정한 민주주의 모습이다.

물론 간혹 지역구민의 의견이 자신의 강한 소신과 달라서 지역구민의 뜻에 반해 투표할 때도 있다. 그러나 그런 행동은 다음 선거에서 자신의 당선을 위태롭게 할 것이기 때문에 어지간해서는 그러지 않는다. 불가피하게 그렇게 해야 할 때는 반드시 지역구민들에게 그 이유를 자세히 설명하고 그들의 이해를 구한다. 그래야 다음 선거가 더 안전해지기 때문이다.

이것은 미국 국회의원의 모든 공천권을 다 각 지역 주민들이 행사하기 때문이기도 하다. 우리같이 당의 보스들이 밀실에 모여서 누구에게 공천을 주고 말고를 결정하는 것은 미국에서는 상상도 할 수 없는 일이다. 이러니 자연히 모든 의원들은 지역구민을 진정한 주권자, 나라의 주인으로 모시게 된다.

이런 식으로 작동하는 전형적인 예가 바로 미국 국회다. 한마디로, 미국의 정당들에는 소위 '당론'이라는 것이 절대 없다. 미국 정당의 지도부도 직간접으로 자신과 같은 방향으로 소속 의원들을 압박하지 않는다. 압박해도 아무도 듣지 않는다. 말을 안 들었다고 징계와 같은 패널티를 주는 것은 상상조차 할 수 없기 때문이다.

이렇게 보면, 미국 국회는 전체가 하나의 '정책 시장'이다. 법안 하나하나가 각기 하나의 상품이다. 내가 동대문 시장에 가서 어떤 상품을 살까 말까 하는 것은 순전히 내 개인의 결정이며, 누구도 사라 마라 강제할 수 없듯이, 미국 국회의원들은 매 법안마다 누구의 간섭도 지시도 없이 순전히 자신의 소신과 지역구민의 의견만 고려하여 독자적으로 찬반 여부를 결정한다. 그렇기 때문에 우리가 동대문 시장에서 싸우지 않듯이 그들도 절대 싸우지 않는 것이다.

이것이 무엇을 의미하는가? 바로 국회에 '자유와 선택의 원리'가 철저하게 작동한다는 것을 의미한다.

결론적으로, 대통령 중심제하에서 정당이 당론을 정해 의원들로 하여금 한 방향으로 투표하게 하는 것은 나라의 주인인 국민의 주권을 당의 수뇌부가 빼앗는 것이다. 즉, 국민 주권의 원칙에 정면으로 어긋나는 것이다.

요약하자면, 우리나라는 전 세계에서 거의 유일하게 대통령 중심제를 하면서 정당은 내각제식으로 운영하는 참으로 기묘한 형태의 잘못된 '짬뽕' 체제를 가지고 있다. 우리 정치가 맨날 싸움판인 것은 바로 이 때문이다.

미국 의원들에게 우리나라의 정치 행태, 즉 의원들이 모두 당론에 묶여 한 방향으로 투표해야 하고 그러지 않으면 징계를 받는다고 하면 엄청나게 놀란다. 무슨 그런 '몬도가네'급의 우스운 이야기가 있느냐고 하는 정도다. '국

보수의 영혼

민 주권의 원칙'에 정면으로 위배되기 때문이다.

제도적 무책임의 극치, 대한민국 국회

미국 국회의원과 대한민국 국회의원의 가장 큰 차이는 미국 의원들은 자기가 던진 찬성, 또는 반대표에 대해 자기가 책임을 져야 한다는 것이다. 당이 이래라저래라 시킨 것이 아니기 때문에 자기가 책임을 질 수밖에 없다.

그러니 우리 의원들은 개별 법안에 대해 자신의 지역구민의 의견이 어떤지 전혀 신경 쓰지 않는다. 왜냐하면 그들의 임무는 당의 보스들이 정하는 것을 따르는 것이지 지역구민의 의견을 반영하는 것이 아니기 때문이다. 우리 의원들은 자기 지역구민들에게 '당에서 시켜서 그렇게 투표했다'고 하면 끝이다. 아무 책임 질 일이 없는 것이다.

전 세계에서 대한민국 국민들만큼 정치적으로 불행한 국민이 없다. 왜냐하면 우리 국민은 국가의 주인 노릇을 하는 날이 4년 동안 단 하루밖에 없기 때문이다. 바로 선거 날이다. 그날 투표하고 나면, 자기가 뽑은 의원은 4년 동안 나의 공복이 아니라 당의 졸개로 일한다.

개발 독재가 낳은 우리의 기형적 패싸움 정치

그렇다면, 우리 정치 시스템은 왜 이렇게 되어버렸을까? 이것은 한마디로 박정희 대통령의 개발독재의 유산이다.

박정희 대통령은 하루라도 빨리 나라를 부강하게 만들고 싶었다. 그러려면 지체 없고 효율적인 입법 활동이 필수였다. 그런데 당시 아직 후진적이고 부패한 정치 문화에 젖어 있던 우리 정당과 의원들을 가지고 효율적이고 신속한 입법 작업을 해낸다는 것이 너무 힘들었다. 그는 경제 개발을 빨리 이루기 위해서는 당, 그리고 개별 의원들을 강력하게 장악할 필요가 있다는 것을 절감했다. 개별 의원들이 개별 법안에 대해 사사건건 시비를 거는 데서 오는 낭비를 줄이고 싶었던 것이다.

그래서 그가 고안한 것이 대통령제를 하면서 국회와 정

당의 구조는 내각제의 그것을 따오는 변칙이었다. 당을 독재적 구조, 즉 위에서 당론을 정하면 무조건 따라오도록 하는 구조로 만든 것이었다. 심지어는 당론을 따르지 않으면 징계를 해서 당적을 빼앗고, 국회의원직까지 잃도록 하는 과격한 제도까지 만들었다.

이것은 한마디로 전형적인 독재 정권의 정당 구조다. 나치 정권의 정당, 중국의 정당, 북한의 정당이 다 그렇다. 당 수뇌부가 명령하면 그에 대한 반대는 상상할 수도 없는 그런 제도 말이다. 요즘은 그렇지 않지만, 사실 우리 정당은 오랫동안 히틀러의 나치당과 같은 구조를 가지고 있었다. 대통령이 집권당의 총재까지 겸하고 있었으니 말이다. 히틀러의 말 한 마디로 모든 것이 일사천리로 이루어지는 그 시대처럼 말이다. 그들과 우리가 다른 것은 그들에게는 야당이 없고 우리에게는 야당이 있다는 것뿐이다. 기본 정당의 내부 작동 구조는 그들과 다를 바 없다.

박정희 대통령 시절 여당이 그렇게 하나의 '패'가 되어 나오니, 야당도 하나의 '패'가 되어 대항할 수밖에 없었다. 여당과 야당 간의 영원한 패싸움의 정치 구조가 탄생하고 만 것이었다.

한마디로, 우리나라 정치 제도는 참으로 기형적인 구조다. 국민이 완전히 무시된 채 의원들만의, 특히 정당 보스들만의 싸움판 향연이 반복되고 있는 전 세계에 유례가 없는 기괴한 구조다. 우리 국민은 선거 날 하루만 주인 노릇을 하고는 그 이후에는 바지저고리가 되는 참으로 불쌍한 국민이다. 당의 몇몇 보스들은 국민은 완전히 배제한 채 맨날 그들만의 잔치를 벌인다. 그러나 그것이 '싸움판 잔치'이니 그들도 행복하지는 않으리라.

제대로 된 대통령 중심제 나라의 입법 프로세스

이 잘못된 구조, 즉 국민으로부터 주권을 빼앗고 그것을 당의 보스들에게 준 이 구조 때문에 우리나라의 입법 프로세스도 무척이나 기형적이다. 그렇다면 제대로 된 대통령 중심제 국가, 예를 들어 미국 같은 나라의 입법 프로세스는 어떻게 진행되는가?

예를 들어 수입 자유화를 대폭 확대하는 법안이 하나

상정되었다고 하자. 미국 의원들은 어떻게 대응할까? 당장 보좌관에게 이 문제를 검토시킬 것은 물론, 여러 전문가들로부터 자문을 받으며 법안의 장단점을 따져볼 것이다. 세계 각국의 예도 살펴본다. 자신이 직접 청문회를 열기도 하고, 또 열리는 청문회에 참석하기도 한다. 한마디로, 의원 자신이 이 이슈에 대해 준전문가가 된다.

그러면서 다른 한편으로 지역구민의 의견을 수렴해볼 것이다. 그들의 의견도 듣고, 모든 것을 고려하여 찬반에 대한 자신의 입장을 정한다.

이들 의원들은 엄청난 책임감을 가지고 일한다. 왜냐하면 통과되는 개별 법안에 대해 자신이 책임을 져야 하기 때문이다. 잘못된 법안에 찬성했다가 또는 반대했다가 지역구에서 표가 떨어지고 다음 선거에서 경쟁자로부터 무자비하게 공격당할 가능성에 대비하기 위해 충분히 공부도 하고 토론도 하면서 단단히 이론 무장을 한다. 특히 지역구민과의 대화를 위해 공부를 많이 해야 한다. 궁극적으로 지역구에 갔을 때 "당신은 왜 그 법안에 찬성했어요?" 또는 "왜 반대했어요?"라는 질문에 설득력 있는 답을 할 수 있어야 하기 때문이다.

이렇게 600~700명의 상하원 의원들이 개별 법안에 대해 공부를 하고 토론을 하니 대부분의 경우 한 법안의 모든 장단점은 깡그리 다 나오기 마련이다. 모든 의원들이 이런 과정을 거치니 잘못된 법안이 국회를 통과할 가능성은 엄청나게 낮아진다. 이들은 모두 자신의 결정이 나라의 운명에 큰 영향을 미친다는 자부심과 사명감을 가지고 있었다.

나는 워싱턴에서 몇 년간 변호사 생활을 했었다. 그 시절 가장 인상 깊었던 것은, 내가 만난 미국 의원들이 하나같이 당당하고 자부심과 사명감에 젖어 있다는 것이었다. 그들은 자신이 국민의 뜻을 반영하는 민주주의의 보루 역할을 한다는 것에 대해 진정한 자부심을 가지고 열정적으로 일하고 있었다.

몬도가네 수준의 대한민국의 입법 프로세스

이런 일이 있었다. 어느 날 내가 무슨 일로 어느 여당 의

보수의 영혼

원의 사무실을 방문해 앉아 있었는데, 초선 의원 한 명이 들어왔다. 꽤 인기가 좋았던 방송 앵커 출신 의원이었다. 털썩 주저앉으면서 그가 내뱉은 말이 지금도 생생하게 기억에 남아 있다.

"야, 국회의원이 이렇게 할 일 없는 자리인지는 정말 몰랐다. 내가 해야 할 일이 아무것도 없다. 당에서 '이렇게 투표해라' 하면 그대로 투표하면 된다. 그것도 한꺼번에 몇십 개 법안이 상정되니 내가 알 수도, 알 필요도 없다. 알아봐야 아무 도움이 안 된다. 도리어 안다고 깝죽대다간 미움만 산다. 그래서 입 쭉 닫고 있다가 투표하라고 하면 투표한다. 찬성하라고 하면 찬성하고, 반대하라고 하면 반대한다. 그러니 내가 정말 할 일이라고는 상갓집과 결혼식 가는 일밖에는 없다."

우리 의원들은 국회의원에게는 생명과도 같은 정책 기능을 당에게 빼앗겨버렸다. 그러고는 엉뚱하게 정당이 정책위원회라는 것을 만들어서 정책 기능을 한다고 설친다. 그 위원회에 의원 몇 사람을 배속시켜놓고는 그 사람들만 정책 활동을 하게 하고 있다. 다른 의원들에게는 정책 활동에 관한 한 사실상 '설치지 말라'는 불문율을 내려놓고 말이다.

그러니 의원들은 대부분의 경우 정책 활동을 하고 싶어도 할 일이 없다. 다른 말로, 우리는 수백 명의 의원들에게 비싼 월급을 주면서 빈둥빈둥 지낼 수밖에 없게 하고 있는 것이다.

제도가 이런데 잘 모르는 국민들은 국회의원들이 하는 일이 없다고 손가락질하고 있다. 우리 의원들이 빈둥빈둥 하는 것은 그들이 게으르거나 무식해서가 아니다. 하고 싶어도 할 수 있는 일이 없기 때문이다.

당의 입장에서도 몇 명 안 되는 사람을 가지고 그 많은 법안을 제대로 검토하기는 쉽지 않다. 그래서 대충대충 하기 십상이다. 법안이 이런 식으로 당의 정책위만 적당히 통과하면 그다음은 일사천리다. 누가 시비를 걸 수도 없다. 수박 겉핥기식으로 상임위를 거쳐 수십, 수백 건의 법안들이 한꺼번에 꽝꽝 국회를 통과해버린다. 심지어는 회의를 시작하기 10분 전에 상임위원들에게 법안이 상정되는 경우도 있다. 그 법안 속에 뭐가 있는지 아무것도 모르면서 일사천리로 진행되는 것, 그것이 우리 입법 과정의 현실이다. 한마디로 대부분 우리 의원들은 문자 그대로

'거수기'인 것이다.

그래서 수많은 주니어 의원들이 자괴감과 허탈함을 가지고 있다. 그들은 자신이 제 딴에 열심히 한다고 자칫 개별 법안에 대해 꼬치꼬치 따지다가는 미운 털만 박힌다는 것을 잘 안다. 그러니 몇 달 지나고 나면 그저 입 닥치고 있다가 '이렇게 투표하라'고 당론이 내려오면 순종하는 것이 가장 안전한 짓이라는 것을 알게 된다. 그렇게 게으름을 피워도 책임질 일이 없다는 것도 잘 안다. 그리고 그래야 다음 선거 때 공천 가능성이 높아진다는 것을 안다.

물론 법안이 자신이 속한 상임위에 올라오면 거기서는 질문도 하곤 한다. 그러나 궁극적으로 아무 책임 질 일이 없으니 정말 열심히 할 필요는 전혀 없는 것이다. 그것이 한국 의원들과 미국 의원들의 가장 큰 차이점이다. 그리고 가끔 법안을 제출하기도 한다. 그러나 그 법안의 통과 여부는 당의 보스들이 정하니 생색도 나지 않는다. 대부분에게는 국민의 뜻보다 보스들과의 관계가 중요하니 당 내 정치에 더 신경 쓸 수밖에 없다.

한마디로, 우리 국회에는 '자유와 선택의 원리'가 작동되지 않고 있다. '명령의 원리'가 작동되는 독재 정권 체제인 것이다.

위헌 요소가 다분한 대한민국의 입법 프로세스

이런 정치 문화가 거의 50년 가까이 지속되다 보니, 그
것이 우리 의원들에게도, 우리 국민들에게도 습관이 되어
버렸다. 의원들도 지역구민의 정치적 의사가 어떻든 신경
쓰지 않지만, 지역구민 역시 자기들이 뽑은 의원의 투표
행위에 별로 관심을 쏟지 않는다. 당에서 시키는 대로 하
는 것을 너무 당연하게 받아들이기 때문이다. 그래서 의원
들에게 어떤 책임도 묻지 않는다.

당이 이런 식으로 의원들로부터 정책 기능을 빼앗아 자
신들이 그 기능을 하는 것은 사실 위헌적 요소가 다분히
있다. 우리 헌법의 구조는 분명히 국민 주권 원칙을 천명
하고 있다. 그것은 사실 국회의원의 의무가 지역구민의 의
견을 반영하는 것이란 의미다. 당의 보스들의 의견을 반영
하는 것이 그들의 헌법상 의무가 될 수 없기 때문이다. 한

보수의 영혼

마디로 대통령 중심제하에서는 당은 '이념 기능', '충원 기능', '선거 기능'만 해야 하며, 그중 '정책 기능'은 개별 의원들에게 맡기는 것이 우리 헌법의 정신에 맞는 것이다.

우리 국회와 당의 관계를 근본적으로 재정립해야 한다. 그를 통해 국회의 대의 기능을 살림으로써 진정으로 국민이 주인이 되는 정치를 이루어야 한다. 다시 말해 우리 국회에 '자유와 선택의 원칙'에 입각한 새로운 제도와 문화가 정립되어야 한다. 그것만이 우리가 '싸움판 국회'라는 이 영겁의 고통에서 벗어날 수 있는 유일한 길이다.

04
경제 : 90% 근로자들의 희생 위에
특권 만끽하는 10%의 노조

한국 경제의 가장 큰 약점과 리스크

한 나라의 경제에는 수많은 요소들이 있다. 돈, 설비, 자원, 규제, 고객, 노동 등이 있다. 이 중 가장 중요한 요소가 무엇일까? 그것은 단연코 '노동'이다.

노동이 없으면 다른 모든 것이 의미가 없어진다. 왜냐하면 경제란 한마디로 '만들어서 파는' 것인데, 그 '만드는 것'과 '파는 것'을 모두 사람이 하기 때문이다. 그렇기 때문에 '노동'을 '조달'하는 수단과 '부리는' 수단, 즉 노사관계는 경제의 가장 으뜸가는 핵심적 요소다. 그 '수단'이 효율적으로 잘 이루어지면 경제에는 엄청난 도움이 되고, 반면 그것이 잘 안 되면 경제 역시 잘 되기란 지극히 어렵다.

그렇다면 한국의 노동 분야 형편은 어떠한가?

세계적 경제 전문가들은 거의 만장일치로 한국 경제의 가장 큰 리스크는 바로 이 노동 분야에 있다고 이야기하고 있다. 바로 노사 제도가 잘못되어 있다는 것이다. 2019년 한국의 노사협력관계 지수는 전 세계 125개국 중 120등이다. 우리보다 뒤진 나라는 우루과이, 네팔, 크로아티아 등 5개국뿐이다(인시아드대학이 발표한 '2019년 세계 인적자원 경쟁력 지수The Global Talent Competitiveness Index' 참조).

이 후진성의 원인도 근본적으로 앞서 본 교육 그리고 정치의 그것과 꼭 같다. 노사 관계에 '자유와 선택의 원리'가 작동하지 않고 있기 때문이다.

노사 관계에서 '자유와 선택의 원리'가 구현되어야 하는 분야는 두 가지다.

1. 노동을 살 수 있는 자유(대체고용권)
2. 노동을 사지 않을 수 있는 자유(정리해고권)

이에 대해 자세히 살펴보자.

(1) 대체고용권

노동 시장은 '노동'을 팔고 사는 시장이다. 시장이란 당연히 자유가 있는 곳이다. 자유가 있어야 시장이라 부를 수 있다.

경제에서 자유에는 크게 두 가지가 있다. '팔 수 있는 자유'와 '살 수 있는 자유'다. 그 두 가지가 함께 허용되어야 시장이 제구실을 할 수 있다. 만일 동대문 시장에 내가 원하는 물건을 파는 가게가 수십 개가 있는데 법으로 나는 그중 어느 한 가게에서만 살 수 있다고 한다면 어떻게 될까? 이것은 그 가게에 '공급 독점권'을 주는 것이다. 그렇게 되면 그 가게는 자기 마음대로 가격을 올려 부를 수 있다. 나는 울며 겨자 먹기로 그 가격으로 살 수밖에 없다.

그런데 나뿐만 아니라 동대문 시장에 오는 모든 사람이 특정한 어느 한 가게에서만 살 수 있다고 법으로 정해놓는다면 어떻게 될까? 가격은 엄청나게 올라갈 것이고, 그 때문에 사는 사람에게는 엄청난 부담이 될 것이다. 한마디로, 경제 전체가 큰 타격을 받을 것이다.

그런데 만일 그런 독점 체제가 경제에서 가장 중요한 분야인 노동 시장에서 일어나고 있다면 어떨까? 그리고 현재 그런 독점 체제를 허용하고 있는 나라가 전 세계에서 단 두 나라뿐이라면? 다른 선진국의 경우 이런 황당한 독점을 없앰으로써 항구적인 노사 평화를 맞이했다면 어떨까?

이것이 어느 나라 이야기일까? 바로 대한민국의 이야기다. 바로 그런 독점 체제가 우리나라에 벌써 수십 년째 버젓이 허용되고 있다. 무슨 이야기인가?

'대체고용권'의 거대한 위력

노사 관계에서 가장 큰 리스크는 바로 '파업'이다. 노조가 한 번 파업을 일으키면 노조와 회사가 다 막대한 피해를 본다. 기업은 돈을 벌 수 있는 기회를 놓치고, 노조원들은 월급을 못 받는다. 그것뿐 아니다. 대외 이미지가 약해지고 회사 분위기가 나빠지는 등 회사가 막대한 타격을 받게 되며, 그렇게 약해진 회사 때문에 궁극적으로는 노조원 전체가 피해를 입게 된다.

노조는 언제 파업을 일으킬까? 아마도 가장 많은 경우가 임금에 대한 합의가 되지 않을 때일 것이다. 예를 들어 임금 협상에서 노조는 시간당 1만 원을 달라고 하고, 회사는 7,000원밖에 못 주겠다고 한다고 하자. 많은 협상에도 불구하고 합의가 되지 않아 노조가 파업에 들어갔다고 하자. 그런데 회사 밖에는 시간당 8,000원에 일하겠다는 사람들이 많이 있다고 하자. 이 파업 기간 동안 회사가 이들 외부 노동자를 고용할 수 있는 권리, 즉 노동을 외부에서 살 수 있는 권리를 '대체고용권'이라 부른다.

보수의 영혼

만일 대체고용권이 법으로 허용된다면 회사는 외부에서 시간당 8,000원에 인력을 사서 조업을 계속할 수 있게 된다. 그렇게 되면 파업은 장기화될 것이다. 월급을 못 받는 달이 오래 이어지는 것은 노조원들에게 상당한 부담이다. 그렇기 때문에 외부에서 8,000원에 일할 사람이 있다면, 노조는 1만 원까지 요구하지 않고 아마도 8,500원 정도로 합의를 할 가능성이 매우 높다. 한마디로 파업 가능성이 확 줄어드는 것이다.

그러나 만일 이 대체고용권이 법으로 허용되지 않는다면, 다시 말해 파업 중 회사 측이 외부의 사람을 고용할 수 있는 자유가 허용되지 않으면, 결국 칼자루는 노조가 쥐게 된다. 즉, 노조의 협상력을 압도적으로 높여주게 되는 것이다. 회사는 파업으로 가면 완전히 조업이 중단되기 때문에 무리한 요구라도 들어줄 수밖에 없다. 그만큼 노조도 파업하고 싶은 유혹에 빠지기가 쉽다.

이 상황은 한마디로 노조에게는 노동을 팔 자유도, 또 팔지 않을 자유(파업)도 주면서, 반면 회사에게는 노동을 살 수 있는 자유를 박탈한 것이다. 한마디로, '자유와 선택의 원리'가 작동하지 않는 상황인 것이다.

참으로 불공평한 제도다. 마치 동대문 시장에서 가게 주인이 팔 자유와 팔지 않을 자유를 가지듯이 손님도 살 자유와 사지 않을 자유, 혹은 다른 가게에서 살 자유를 갖는 것이 이치에 맞다. 세계의 대다수 경제 전문가들은 대체고용권이 경제 관련 모든 제도 중 가장 긴요하고 중요한 것 중의 하나라는 데 대해 거의 만장일치로 의견의 일치를 보이고 있다. 이것이 허용되지 않으면 노사 관계는 필연적으로 심하게 불안해질 수밖에 없다. 그것은 경제를 해치며, 결국 온 국민에게 그 피해가 돌아오게 된다.

이 대체고용권이 노사 협력에 얼마나 강력한 힘을 발휘하는지를 전 세계가 가장 웅변적으로 알게 되는 계기가 있었다. 바로 1981년에 미국에서 일어났다.

레이건 대통령의 영웅적 모험이 낳은 거대한 축복

미국도 본래는 노사 관계가 험악하기로 세계에서 둘째 가라면 서러워할 나라였다. 특히 미국은 총기가 허용되기

보수의 영혼

때문에 노사 분쟁 중에 살인을 포함한 각종 폭력이 일어나는 경우도 허다했다. 이렇게 파업이 잦고 노사 관계가 어려웠던 가장 큰 이유가 바로 이 대체고용권이 미국에서도 사실상 허용되고 있지 않았기 때문이었다.

이 제도는 미국 대법원의 판례로는 사실 상당히 오래전부터 허용이 되어 있었다. 그러나 그것이 실정법으로 허용되고 있지 않았기 때문에 기업들이 노조의 반발이 두려워 판례로서는 가능함에도 불구하고 감히 행사하지 못하고 있었던 것이다.

그러던 미국에 레이건 대통령이 취임한 직후인 1981년 믿지 못할 일이 일어났다. 바로 대체고용권을 실제 실행할 수 있는 역사적인 사건이 일어났던 것이다.

레이건 대통령이 취임한 지 한두 달 후에 항공관제사 노조가 파업을 일으켰다. 노조는 자신만만했다. 관제사가 없으면 비행기가 못 뜨니, 나라가 마비될 것이다. 그렇다고 그동안의 관례로 볼 때 대체고용권을 행사하지도 못할 것이니 정부가 금방 백기를 들 것이라고 생각했던 것이다. 그런데 전혀 예상치 못한 일이 일어났다. 뜻밖에도 레이건 대통령이 대법원의 판례에 의거하여 전국의 비행장에 대해

"대체고용권을 행사하라"고 지시를 내렸던 것이다. 각 비행장들이 은퇴한 관제사들을 총동원하고 군까지 동원하면서 노력한 결과 관제사들의 파업에도 불구하고 비행장을 계속 가동시킬 수 있었다. 파업이 장기화되니 관제사 노조가 더 버틸 수가 없어 백기를 들었고, 파업이 종결되었다.

이 사건을 계기로 미국의 모든 기업들이 대체고용권을 행사하기 시작했다. 이때부터 10년 만에 미국의 노사 관계에 기적 같은 일이 일어났다. 파업 건수는 6분의 1로 줄어들었고, 파업에 참여하는 근로자의 수는 약 10분의 1로 줄어들었다. 그리고 미국에 항구적 노사 평화가 오게 되었다.

이 사건에서 가장 인상 깊은 것은 이 제도를 실행한 것 외에는 레이건 정부가 그 어떤 다른 특별한 노사 개혁 노력도 하지 않았다는 사실이다. 정부가 실행했던 의미 있는 노동 제도 개혁은 거의 이것 딱 한 가지뿐이었다. 이것 단하나로 경제의 가장 핵심인 노사 관계에 항구적 평화가 오게 된 것이다.

많은 미국의 경제학자들이 레이건 이후의 미국 경제의 근 20년에 걸친 장기 호황의 가장 큰 원인으로 바로 이 대체고용권 실시를 들고 있다.

보수의 영혼

대체고용권이란 한마디로 '자유와 선택의 원리'를 구현한 것일 뿐이다. 기업에게 '노'와 같은 종류의 자유와 선택의 권리를 준 것일 뿐이다. '자유와 선택의 원리'란 이렇게 무서운 힘을 가진 것이다.

전 세계에서 대체고용권을 허용하지 않고 있는 단 두 나라 중 하나인 대한민국

대체고용권은 한마디로 노조로 하여금 과욕을 부리지 않게 만들어주는 제도다. 시장 가격 이상으로 과욕을 내다가는 자칫 피해가 클 것이 확실해 보이니 노조가 처음부터 합리적인 요구를 하게 된다. 그 요구가 합리적이기 때문에 회사도 자연히 훨씬 더 긍정적으로 호응하게 된다. 즉, 파업의 필요성이 파격적으로 줄어드는 것이다. 노사 관계에 사는 자와 파는 자 양쪽 모두에 '자유와 선택의 원리'가 작동하기 시작하는 것이다.

물론 노조가 부당한 대우를 받아서도 안 되지만, 노조

가 부당한 권력을 누려서도 안 된다. 부당한 대우, 또는 부당한 권력을 누리지 못하도록 공평하게 정해주는 것이 바로 시장이다. 시장에서 정해진 값에 대해서는 누구도 이의를 제기하기 힘들기 때문이다.

그런데 너무나 한탄스러운 것은 우리나라에는 아직 대체고용권이 허용되지 않고 있다는 것이다. 이것이 허용되지 않는 나라는 전 세계에서 딱 두 곳밖에 없다. 하나는 아프리카의 최빈국인 말라위이고 다른 하나가 바로 위대한 대한민국이다. 이 무슨 비극인가?

90% 근로자의 희생 위에 특권 만끽하는 10%의 노조

대체고용권을 허용하지 않는다는 것은 다른 말로 노조만이 노동을 팔 권리를 가진다는 것을 의미한다. 즉, 노조에게 '독점 이윤 착취권'을 주고 있다는 의미다. 문제는 우리나라 노조 조직률은 불과 약 10%밖에 되지 않는다는 사실이다. 다시 말해 전체 근로자 10명 중 1명 정도만이 노

보수의 영혼

조에 가입된 근로자다. 대체고용권이 허용되지 않는다는 것은, 이 10%의 노조 근로자가 90%의 비노조 근로자의 합법적 취업 기회를 빼앗고 있다는 의미다. 즉, 대체고용권 불허로 오는 독점 이윤이 근로자 전체에게 가는 것이 아니라 극히 소수의 근로자에게만 가고 있다는 것이다.

우리나라 노조에 가입된 근로자들의 경제적 형편은 대체로 비노조 근로자들보다 훨씬 더 좋다. 대기업 근로자 중에는 1억 원이 넘는 연봉을 받는 사람들도 상당히 많다. 이렇게 상대적으로 풍요한 사람들이 90% 근로자의 취업 기회를 빼앗고 있는 셈이다. 참으로 불공정하다. 이런 것이 바로 '자유와 선택의 원리'가 노동 분야에 작동하지 않음으로써 생기는 비극이다.

(2) 정리해고권

노동 분야에서 자유와 선택의 원칙이 충분히 허용되지 않는 분야가 또 하나 있다. 바로 정리해고의 문제다. 정리해고란 무엇인가?

정리해고란 한마디로 직원에게 어떤 결점이 있어서가 아니라 회사의 형편이 어려워져서 직원을 내보내는 것을 말한다. 원칙적으로 회사 형편이 좋아지면 재입사할 수 있는 가능성을 전제로 하는 것이다. 쉽게 이야기해서 배가 파선을 당할 위험에 처했을 때 무게를 줄이기 위해 사람이나 화물의 일부를 다른 배로 옮겨 싣는 것에 비유할 수 있다. 즉, 회사가 그 부양 책임을 일시적으로 정부의 실업급여에 넘기는 것이다.

정리해고를 당하는 사람의 시각에서 보면 그것은 매우 속상하고 안타까운 일이다. 자신이 잘못한 것도, 능력이 부족한 것도 아닌데 나가야 한다니 말이다. 그래서 미시적으로 보는 진보는 정리해고에 대해 매우 부정적이다. 그래서 우리나라도 한때 그것을 사실상 금지했었다. 지금은 허용을 하고 있지만, 절차를 무척 까다롭게 만들어놓았다. 절차도 까다롭지만 자칫 논란에 휩싸일 수 있기 때문에 한국의 기업들은 어지간해서는 정리해고를 할 엄두를 내지 못한다.

정리해고를 어렵게 하는 것은 한마디로 기업의 자유를 제한하는 것이다. 즉, '노동을 사지 않을 수 있는 자유'를 제한하는 것이다. 그런 면에서 '자유와 선택의 원칙'에 위배된다고 할 수 있다.

정리해고, 어떤 것이 근로자 전체를 위한 길인가?

정리해고에 대한 시각은 이 문제를 미시적으로 보는가 거시적으로 보는가에 따라, 즉 진보와 보수 간에 극명하게 달라진다. 국가 간에도 차이가 있다. 유럽은 이 문제를 미시적으로 보는 편이다. 즉, 주로 해고당하는 노동자의 입장에서 보기 때문에 정리해고에 대해 부정적이다. 반면 미국은 거시적으로 본다. 미국은 정리해고에 대해 매우 수용적이다.

우선 미국의 제도를 보자. 매우 파격적으로 자유롭다. 한마디로, 미국의 노동법하에서 기업은 원칙적으로 직원을 "어떤 이유에서건, 또는 아무런 이유 없이도for any reason, or for no reason" 해고할 수 있다. 그에 비해 유럽의 나라들은 대부분 우리와 같은 복잡한 요건과 절차를 규정하고 있다(유럽의 여러 나라는 소위 산별 노조 제도를 취하고 있기 때문에 직접 비교가 쉽지 않은 면도 있지만, 원칙적으로는 그렇다).

왜 이렇게 큰 차이를 보일까? 미국 노조들이 왜 이렇게 관대할까? 그들이 더 사람들이 좋아서일까? 천만의 말씀이다. 미국의 근로자들은 어떤 면에서는 유럽보다 훨씬 더 투쟁적이다. 서부 시대에 총을 가지고 서로 싸워본 문화와 전통이 있기 때문이다. 그런 사람들이 어째서 이러한 과격한 제도, "어떤 이유에서건, 또는 아무런 이유 없이도 해고할 수 있다"는 제도를 받아들였을까? 정치적 힘이 약해서일까? 그것도 아니다. 정치란 것은 숫자인데, 근로자의 수가 기업가의 수보다 수천 배 더 많다. 근로자의 표가 그만큼 더 많으니 당연히 정치적 힘도 훨씬 더 셀 것인데 이들은 왜 자신들에게 불리한 제도, '유연한 정리해고제'를 받아들였을까?

그것은 근로자를 쉽게 해고하는 제도가 궁극적으로는 그들에게 더 도움이 된다는 것을 깨닫게 되었기 때문이다. 거시적, 즉 근로자 개인이 아니라 전체의 관점에서 본 것이다.

이 같은 깨달음은 미국과 유럽의 경제 발전사를 비교하는 데서부터 시작되었다. 전통적으로 정리해고는 유럽이 미국보다 훨씬 더 어려웠다. 그런데 20세기를 돌아보면 대체로 정리해고가 어려운 유럽의 실업률이 항상 미국보다 2~3배 정도 더 높았다. 언뜻 생각하면 정리해고가 어려운 곳의 실업률이 쉬운 곳보다 낮아야 할 것 같은데, 결과는 반대였던 것이다. 어째서 그런 결과가 나온 것일까?

그 가장 큰 이유 중의 하나가 정리해고가 어려운 유럽의 회사들은 경기가 호황이 되어도 사람을 잘 뽑지 않았기 때문이다. 기업이 호황이라고 사람을 뽑았다가 불황이 왔을 때 쉽게 해고하지 못해서 망하게 될 것을 두려워했기 때문이었다. 그래서 차라리 적게 벌어 적게 먹는 쪽을 택하는 것이었다. 그러니 경제가 좋아져도 실업률이 그다지 줄어들지 않았던 것이다.

그렇다면 미국의 노조는 왜 유연한 정리해고제를 받아들였을까? 그것은 해고당하는 몇몇 사람보다 노동자 전체의 시각에서 세상을 본 데서 출발했다. 한마디로, 근로자에게 가장 중요한 것은 몇 사람의 당장의 일자리보다 건강한 기업이 많아지는 것이라는 사실을 깨닫게 되었던 것이다.

기업이 직원들의 월급을 줄 형편이 안 되는데도 규제 때문에 직원 규모를 줄일 수 없다면, 결국 그 기업의 재무 상태는 더 악화될 수밖에 없다. 재무 상태가 좋지 않으면 기업은 투자를 덜 하게 되고, 투자를 덜 하면 결국 사람도 덜 뽑게 된다. 또 내보내게 된다. 이런 식으로 기업의 미래가 어두워지면 가장 큰 피해자는 바로 약자인 근로자 자신들이 된다. 강자는 떡이 줄어들어도 먹을 것이 그나마 남아 있지만, 약자는 떡이 줄면 가장 먼저 먹을 것이 없어진다. 즉, 이런 현상이 퍼질수록 근로자들이 제일 큰 피해자가 된다는 것이다. 가장 노동자를 위한다는 공산주의가 사실상 그들을 가장 고생시킨 제도였던 것과 같은 논리다.

그들은 근본 질문을 던져보았다. 어떤 것이 근로자 전체의 시각에서 볼 때 더 좋은 것인가? 그들이 내린 결론은, 잘되는 기업들이 많아지는 것이 궁극적으로 근로자들을 가장 잘 돕는 길이라는 것이었다. 기업이 잘되면 더 많은 사람이 필요하게 되고, 그런 기업들이 많아지면 그만큼 노동자들에게는 더 많은 일자리가 생기게 된다. 또한 일자리가 많아지면 기업들이 사람을 뽑기 위해 서로 경쟁을 벌이게 되므로 자연히 임금도 오르게 된다. 그것이 결국 근로

보수의 영혼

자에게 가장 좋은 것이다.

이러한 통찰과 공감이 미국 전역에 퍼지면서 그토록 피비린내 나는 투쟁을 벌였던 미국의 노사 관계가 근본적으로 변하기 시작했다. 다시 말해, 미국 노사 관계의 평화는 관점의 변화, 즉 해고당하는 일부 근로자가 아니라 근로자 전체의 복지를 생각하는 노조 지도자들의 현명한 통찰에서 시작된 것이었다. 앞에서 이야기한 레이건 대통령의 결단으로 이것은 정리해고뿐 아니라 나아가 대체고용권으로까지 확대되었다.

20세기에 피비린내 나는 노사 분규의 역사를 겪으면서 미국의 정부 당국자들, 학자들, 사법부, 그리고 근로자들이 고민한 것은 한 가지였다. 무엇이 정말 노와 사에 공히 이익이 되는 공평하고 공정한 제도인가? 그것은 노동 분야에서도 '자유와 선택의 원리'가 적용되는 것, 노동 시장에 진정한 '시장의 원리'가 적용되는 것, 즉 사고 싶은 사람에게는 살 자유, 사고 싶지 않은 사람에게는 사지 않을 자유와 선택의 기회를 주는 것이 모두에게 가장 좋은 것이란 결론에 도달하게 된 것이었다. 그것이 정리해고를 그렇게 쉽게 "어떤 이유에서건, 또는 아무런 이유 없이도" 할 수 있도록 하는 제도로 이어진 것이었다.

동대문 시장은 모두를 부자로 만들어주는 곳이다. 사는 사람은 필요한 것을 얻어 좋고, 파는 사람은 돈을 벌어서 좋다. 이것이 모두에게 좋은 이유는 양쪽 모두에게 자유가 있기 때문이다.

노조 이기주의가 노동계 전체에 끼치는 해악

노조가 정말 노조만의 이익이 아니라 근로자 전체를 위한다면, 실업자를 줄이는 것을 가장 우선순위로 두어야 한다. 실업자를 줄이는 가장 효과적인 방법은 먼저 기업을 건강하게 만드는 것이다. 기업이 건강해지려면 노동 시장에 '자유와 선택의 원리'가 적용되어야 한다. 이것을 우리는 '노동 시장의 유연성'이라고 부른다.

그러나 불행히도 대한민국은 그 길을 갈 수가 없다. 왜냐하면 우리나라는 노조의 힘이 너무 세기 때문이다. 그 막강한 노조의 힘은 어디서 오는가? 앞서 언급한 것처럼,

그것은 회사에게 '대체고용권'이 없는 데서 온다. 우리나라의 노조는 대부분 대기업 직원들로 이루어져 있다. 대기업 노조가 일단 파업을 하면 나라 경제에 미치는 영향은 막대하다. 우리나라 기업은 대체고용권이 없기 때문에 파업이 일어나면 사실상 공장을 닫아야 한다. 그러니 노조의 말을 들을 수밖에 없다. 그런 면에서 우리나라를 '노조 공화국'이라 부르는 것은 별로 무리한 표현이 아니다.

대체고용권을 허용하고 정리해고를 자유롭게 할 수 있도록 하는 것은 사실 우리나라 근로자 전체의 복지를 생각하면 반드시 가야 할 길이다. 단, 실업급여가 확충된다는 전제에서 말이다.

근로자 전체를 위해 노동 시장에서 '자유와 선택의 원리', 즉 시장의 기능을 확대해야 한다는 이 관점은 지난 20~30여 년 동안 전 세계로 광범위하게 퍼지고 있다. 세계화로 인해 경쟁이 격화되면서 그 중요성은 날로 커지고 있고, 그래서 이제는 세계적인 추세도 대체고용권은 물론, 정리해고를 쉽게 하는 쪽으로 바뀌고 있다.

보수가 이러한 논리를 주장하며 이를 실천하고자 하는 것은 다른 어떤 이유에서도 아니다. 잔인해서가 결코 아니다. 근로자 전체의 이익이라는 관점에서, 즉 세상을 거시적으로 보기 때문이다.

　과거에는 우리 대기업들이 윤리적으로 문제가 있는 면들이 있었다. 그런 점들이 노조의 이기적 행태에 일부 정당성을 준 면도 있었다. 그러나 이제 우리 기업들도 많이 달라졌다. 이제 정말 국가를 위해 노동 분야에 글로벌 스탠더드를 전면적으로 도입해야 한다. 즉, '자유와 선택의 원리'를 실천해야 한다.

05

나라를 구원할
세 가지 개혁 과제

지금까지 우리 국민의 삶을 불행하게 만드는 세 가지 가장 중요한 요인들을 살펴보았다.

- 사회 분야 : 국민에게 영겁의 고통을 주고 있는 교육 아수라장
- 정치 분야 : 패싸움으로 날밤을 새우는 한국의 정치
- 경제 분야 : 90% 근로자의 희생 위에 특권 만끽하는 10%의 노조

우리나라의 자살률이 세계 1위인 것은 절대 우연이 아니다. 위에서 보듯이, 우리 삶의 가장 핵심적인 세 가지 분야에서 잘못된 제도가 작동하고 있기 때문이다. 이 잘못된 제도들이 우리 국민 모두를 영겁의 고통 속에 몰아넣고 있다.

이 세 가지 문제의 공통점은 바로 세 분야 모두 시민들로부터 '자유와 선택의 권리'를 빼앗고 있다는 점이다. 선진국 사람들이 행복한 이유는 간단하다. 이런 핵심적인 분야에서 자유와 선택의 원리가 작동하고 있기 때문이다.

이렇게 볼 때, 대한민국 보수의 사명은 참으로 막중하다. 그 사명은 무엇보다 먼저 이 세 분야에서 '자유와 선택의 원리'가 '명령의 원리'를 대체하도록 하는 것이다. 다른 말로, 우리 국민에게 자유를 되찾아주는 것이다. 그것을 이루는 순간, 우리 국민의 삶의 질은 수직으로 상승할 것이다. 대한민국은 진정한 선진국이 될 것이다.

5장

'보수'에 대한
여러 가지 오해

01
'보수'라는 이름이 야기한
가혹한 오해

    진보의 개념은 무척 이해하기 쉽다. 가난하고 불쌍한 사람을 돕자는 것이다. 쉽고 단순하다. 또 누가 여기에 이의를 제기할 것인가? 그리고 '진보'라고 하니까 무엇인가 발전적이고 역동적인 것 같다. 그래서 진보는 정의감이 강하고 변화를 추구하는 젊은 사람들에게 어필하기가 훨씬 더 쉽다. 무엇인가 자신이 사회를 발전시키는 원동력의 일원이 된다는 생각을 주기 때문이다.

    그렇다면 보수는 어떠한가? 사실 보수의 이념을 제대

로 이해하고 보수가 되는 사람은 그리 많지 않다. 보수의 핵심 가치가 '자유'라는 사실을 이해하는 사람도 사실 그렇게 많지 않다. 더욱이 그 '자유'가 우리에게 '풍요'를 주며 동시에 '다양한 선택'과 '자부심'을 준다는 것까지 생각하며 보수의 길을 택하는 사람은 더더욱 드물다. 한마디로 보수의 이념은 진보에 비해 설명하기도, 이해하기도 쉽지 않다.

사실 상당수의 보수가 보수가 된 이유는 막연히 보수라면 무엇인가 안정적이고 편안한 느낌을 준다는 점 때문이다. 그래서 현재의 형편에 만족하고 되도록 이 상황을 유지하고 싶은 사람들에게 매력을 주는 경우가 많다. 그래서 대체로 보수 중에는 안정적으로 사는 사람이 많고 평균 연령도 높은 편이다.

그러나 이것은 보수의 본질을 잘못 알고 있는 것이다. 보수는 안정을 추구하는 집단이 아니다. 도리어 어떤 면에서는 진보보다 더 역동성을 추구하는 집단이다. 인간은 자기 마음대로 하게 두면 항상 무엇인가를 모색하게 된다. 인간이란 본질적으로 발전 지향적인 존재이기 때문이다. 그 모색하는 과정이 바로 변화의 과정이다. 그래서 보수는 진보보다 얼마든지 더 변화 지향적일 수 있다.

한국에서 보수가 받는 가장 큰 오해는 이 '보수'라는 단어가 자주 '수구'라는 의미로 해석된다는 것이다. 한국 보수의 가장 큰 재난은 '보수', 즉 'conservative'이라는 개념이 서구권에서 유입되었을 때, 그 단어를 잘못 번역한 데서 시작되었다. 한마디로 '번역 실수'였던 것이다.

'보수주의자'는 영어로 'conservative'라고 한다. 'conserve'는 정확하게 번역하면 '보존한다'라는 뜻이다. 무엇을 보존한다는 것인가? 자유의 위대함을 알기 때문에 어떤 대가를 치르고라도 이 자유라는 가치를 '보존해야 한다'고 생각하는 것이다. 그런 면에서 'conservative'라는 말은 '보존'이라 번역되었어야 했다.

우리말에서 '보존保存'은 '지킬 만한 가치가 있는 것을 지킨다'는 뜻이다. 반면 '보수保守'는 '옛것을 지킨다'는 의미가 강한 단어다. 즉, '수구守舊'적 뉘앙스가 강하다. 그러나 '보수'가 지향하는 것은 결코 '수구'가 아니다. '보존', 즉 꼭 지켜야 할 가치를 지키자는 말이었는데 '보수'라고 하는 바람에 수구로 오해되고 오도된 면이 많다. '수구'로 오해를 받게 되면서, 많은 젊은이들, 또는 개혁주의자들로부터 외면을 받는 결과가 되어버린 것이다.

영어에서도 '수구'라는 의미를 가진 단어가 있다. 그것은 'reactionary'라고 부른다. '반동자'라는 뜻이다. 즉, 변화에 대해 '반동'한다, '거부'한다는 뜻이다. 그러나 사실 보수는 변화에 저항하는 집단이 아니다. 도리어 이를 반기고 변화를 선도하는 이념이다. 보수를 '수구'라고 보는 것은 보수에 대한 모독이다.

그렇다면 '진보'는 영어로 무엇인가? 진보는 영어로 'progressive'라고 한다. '전진하는'이란 뜻이다. 제대로 된 진보는 이 세상에 '자유'가 우선적 가치, 즉 기본이 되는 가치라는 것을 안다. 그것이 풍요와 선택과 자부심을 만들어주는 가치라는 것을 안다. 그러나 동시에 그들은 자유에 숙명적인 부산물이 있다는 것을 안다. 즉, 약자가 생긴다는 것이다. 진보는 이 약자들을 챙기는 쪽에 전념하겠다고 하는 사람들이다. 즉, '평등'을 챙기겠다는 뜻이다. 그래서 '한 걸음 더 나아간다', '진보한다'는 뜻에서 진보를 'progressive'라고 부르는 것이다. '앞으로 더 나아간다'니 얼마나 그럴듯한 말인가? 그래서 진보는 이름의 덕을 많이 보고 있다. 반대로 보수는 '수구'로 오해되어 손해를

　　　　　　　　　　　　　　　　보수의 영혼

많이 보고 있다.

　보수는 누구보다도 개혁적일 수 있다. 근본적으로 건전한 사람에게 자유를 주면 개혁이 일어날 가능성이 높다는 것은 수많은 역사적 사실들이 증명을 했다. 뒤에 더 자세히 다룬다.

02

보수는 '잔인한 종'이란 오해

보수는 '자유'를 지상가치로 생각한다. 그리고 자유는 '자유와 선택의 원칙'이 적용되는 곳, 즉 '시장'이 형성될 때 비로소 가능하다고 했다. 그런데 많은 사람들이 '시장'이라고 하면 약육강식이 빈번하게 벌어지는 정글을 상상한다. 한마디로, 강자에게만 좋고 약자에게는 잔인한 곳이라는 인상을 갖는다. 그래서 보수의 이론을 '강자를 위한 논리'라고도 한다.

그러나 정말 그럴까? 그렇지 않다. 보수는 잔인한 것이 아니라 진보보다 더 넓게 볼 뿐이다. 앞에서 보수는 세상을 거시적으로 보고, 진보는 미시적으로 본다고 했다. 사형제의 경우 사형당하는 개인을 보면 불쌍하지만, 전 국민을 놓고 보면 필요하다고 생각할 수밖에 없다는 것이 보수의 생각이라고 했다. 이 논리를 경제 상황에 한 번 적용해 보자.

직원 1천 명 규모의 A라는 화장품 회사가 있다. 이 회사는 로션을 만들어 개당 1만 원에 10만 명에게 팔고 있었다. 그런데 B라는 회사가 나타나서 원가를 대폭 낮춰 이를 7,000원에 팔기 시작했다. 가격 경쟁에서 밀린 A사는 결국 망하고 말았다. A사의 직원 1천 명도 일자리를 잃게 되었다. 이런 상황은 실직한 A사의 직원들에게는 분명히 잔인한 것이다. 그것이 시장이다.

그러나 조금 눈을 돌려서 넓게, 거시적인 시각으로 보자. 사회 전체적으로 볼 때 A사의 파산은 어떤 결과를 낳았을까? 결론적으로 이 상황은 10만 명에게 은혜로운 현상일 수 있다. 무슨 이야기인가?

이제껏 1만 원에 A사의 로션을 샀던 10만 명이 이제 7,000원에 사게 됨으로써 모두 3,000원만큼 더 부자가 된다는 것이다. 1,000명이 희생하여 10만 명을 3,000원만큼 더 부자로 만들어준 것이다.

그런데 거기서 끝나지 않는다. A사가 망함으로써 그 전보다 3,000원씩 더 부자가 된 이 10만 명은 그 3,000원을 다른 어디엔가 쓸 것이다. 어떤 사람은 볼링을 칠 것이고, 어떤 사람은 낚시를 할 것이고, 또 어떤 사람은 사탕을 사먹을 것이다. 이렇게 고객이 늘게 된 볼링장, 낚시 가게, 그리고 소매점들은 고객이 늘어나는 만큼 직원을 더 고용해야 한다. 그러면 직장을 잃은 A사의 직원 1,000명 중 상당수는 이런 곳에 취직이 될 가능성이 있다.

이런 현상이 1개 기업이 아니라 수십, 수백, 수천 개의 기업에서 일어난다고 생각해보라. 사회 전체적으로 얼마나 많은 사람들의 주머니가 더 두둑해지겠는가? 얼마나 많은 사람들을 더 행복하게 만들어주겠는가? 즉, 시장은 잔인하기는커녕 수십, 수백, 수천만의 사람들을 더 행복하게 만들어주는 자애로운 곳이다. 또한 나라는 더 빠른 속도로 더 부자가 될 것이다.

남은 문제는 이 1,000명이 새로운 직장을 얻기까지의 과도 기간이다. 이 기간 동안 이 사람들이 생활할 수 있는 안전망(실업급여)을 만드는 것이 필요하다. 보수는 이 같은 안전망을 만드는 것을 반대하는 입장이 절대 아니다. 도리어 매우 중요하게 생각한다. 안전망을 만들되, 더 많은 사람들을 행복하게 하기 위해서는 이런 시장이 계속 작동해야 한다고 생각하는 것뿐이다.

그런데 사람들 중에는 직장을 잃게 된 이 1,000명의 외침에만 귀를 기울이며, 이렇게 잔인한 시장을 그대로 방치해서는 안 된다고 주장하는 사람들이 꽤 있다. 이들은 자신들이 이들 1,000명의 권익을 대변하는 인도주의자라고 생각하며 흔히 자기만족에 빠진다. 그러나 크게 보고 넓게 생각하면 더 많은 사람에게 더 많은 혜택이 돌아가도록 하는 것이 더 인도적일 수 있다.

그래서 '좁게 보면 진보가 될 수밖에 없고, 넓게 보면 보수가 될 수밖에 없다'는 말이 나온 것이다. 그런 면에서 보수의 기본적 정책 목표는 항상 사회적 안전망을 만들면서 시장의 원리가 광범위하게 퍼져나가도록 하는 것이다.

보수는 '독재를 옹호한다'는 오해

보수가 흔히 받는 또 하나의 오해는 그들이 '독재 정권'을 옹호한다는 것이다. 이것은 독재 정권은 무조건 보수라고 보는 시각에서 나온다.

독일의 히틀러 정권을 보자. 이 정권은 보수인가 진보인가? 히틀러 정권은 '시민 개인'보다는 국가라는 '집단'을 중시한 이들이다. 이 점에서는 '보수'의 철학과 같다.

그러나 보수에게는 또 하나의 중요한 본질이 있다. 그것은 '자유'를 중시한다는 점이다. 그런데 히틀러 정권은 시민의 자유를 전혀 중시하지 않았다. 도리어 시민의 자유를 쓰레기같이 생각하는 집단이었다. 그런 면에서 히틀러는 보수의 기본 요건도 갖추지 못한 정권이다. 히틀러 정권은 그저 '독재'였을 뿐이다.

비슷한 질문이 옛 소련의 공산당에 대해서도 던져질 수 있다. 소련 공산당은 진보인가? 공산 정권이 평등을 지상 가치로 생각한다는 면에서 분명 진보라 할 수 있다. 그러나 동시에 소련 공산당은 히틀러 정권과 마찬가지로 철저한 '전체주의'를 취했다. 그런 면에서는 극 보수라 할 수 있다. 즉, 이쪽으로 보면 진보이지만 저쪽으로 보면 보수라는 것이다.

요약하자면, 독재는 항상 '전체주의'를 표방하기 때문에 '개인'을 중시하는 '진보'가 될 수는 없다. 동시에 독재는 '자유'를 중시하지 않기 때문에 '보수'도 아니다. 다시 말해 독재는 독재일 뿐, 보수도 진보도 아니다.

사실 보수와 진보라는 개념은 민주주의의 핵심 요소인 선거의 실행 과정에 도움을 주는 하나의 수단으로 고안된 면이 있다. 선거에 임하는 정당, 또는 정당의 후보자가 국민에게 자신들에게 표를 달라고 호소할 때는 자신의 정체성을 밝힐 필요가 있다. 그것을 여러 가지 구체적 정책으로 표현할 수도 있지만, 그것은 너무 길고 장황해지게 된다. 그것을 가장 간편하게 전달할 수 있는 단어가 '보수'와 '진보'인 것이다. 즉, 예를 들어 지금 나라의 형편이 '떡을 키울 때인가' 아니면 '떡을 나눌 때인가'를 한 마디로 표현한 것이다. 그런 면에서 의미 있는 선거가 아예 존재하지 않는 독재 체제하에서는 '보수냐 진보냐'의 구분은 원초적으로 별 의미가 없는 것이다.

04
얼핏 보면 상호 모순인 것 같은
보수의 두 가지 핵심 가치

　사람들이 보수에 대해 흔히 가지는 오해가 있다. 그것은 보수가 '자유'를 중시한다고 하면서 시민의 자유를 억압하는 경우를 가끔 보기 때문이다. 예를 들어, 우리의 과거 보수 정권들은 공산주의와 관련해서는 국가보안법 등으로 시민의 자유를 심하게 억압했었다. 다른 한편으로 미국의 보수는 낙태 금지를 강하게 주장하는 집단이다. 즉, 낙태할 수 있는 자유를 제한하는 것이다. 둘 다 모순 아닌가?

이 오해는 보수가 '자유'를 중시하면서도 동시에 '공동체 전체'를 중시하는 집단이라는 것을 이해해야 풀릴 수 있다. 보수는 자유를 엄청 중요하게 생각하지만, 동시에 공동체 전체의 안위를 못지않게 중요하게 생각한다. 특히 몇몇 중요한 가치는 그것이 가지는 공동체 전체의 의미가 너무 크기 때문에 다소 자유가 희생되더라도 꼭 지켜야 한다고 생각하는 것이다.

나라마다 중요하게 생각하는 것은 다르다. 6·25 사변을 겪은 한국에게는 '반공'이라는 이슈가 그렇다. 6·25 침략을 자행했을 뿐 아니라 그 이후에도 공비, 간첩 등으로 대한민국의 안녕을 위협한 북한으로부터 나라를 지키는 일은 '공동체 전체의 안녕'을 중시하는 한국의 보수에게는 어떤 대가를 치르더라도 이루어내야 하는 것이었다. 그것이 국민이 향유하는 '자유'를 다소 훼손하더라도 어쩔 수 없다는 것이 보수의 입장이었던 것이다.

한편 미국같이 기독교적 전통에서 탄생하고 발전해온 나라에서는 '생명 존중'이라는 가치가 그 어느 것보다 꼭 지켜야 할 가치였다. 그래서 낙태를 일종의 살인 행위로 보는 시각에서는 그것이 용납될 수 없었던 것이다. 각 나라별로 이러한 중요한 가치를 위해서는 시민의 '자유'가 다소 희생되어도 할 수 없다고 생각하는 것들이 있다. 가치의 모순이라기보다는 '상충'인 것이다. 각 나라마다 그 나라 특유의 그런 가치들이 있다.

요약하자면, 보수는 진보만큼 단순한 개념이 아니기 때문에 다양한 오해의 희생자가 되는 경우가 많다. 즉, 보수는 '수구다', '잔인하다', '독재를 옹호한다'라는 등의 오해다. 이런 오해 때문에 보수는 추종자를 확대하기가 진보보다 더 어렵다. 특히 젊은이들이나 진취적인 사람을 보수로 유인하기가 어려운 것이다. 그렇기 때문에 더더욱 보수는 진보보다 훨씬 더 높은 강도의 이론적인 무장이 필요하다.

05
보수와 진보는
역사라는 수레의 두 바퀴

'역사가 발전한다'란 무엇을 의미하는가? 국민의 더 많은 사람이 더 '행복'해지면 그때 '역사가 발전했다'고 한다. 즉, '역사의 수레'가 앞으로 전진하는 것이다.

앞에서 이야기한 대로, 사람을 행복하게 만드는 가장 중요한 요소는 세 가지다. 첫째 '배가 고프지 않을 것', 둘째 '배가 아프지 않을 것', 그리고 셋째 '함부로 잡혀가지 않을 것'이다. 그중 세 번째 요소, 즉 '함부로 잡혀가지 않는 것'은 민주주의의 기본이다. 그런 면에서 그것은 역사라는 수레의 '본체'라고 할 수 있다. 그렇다면 나머지 두 가지, 즉 '배고프지 않고', '배 아프지 않는 것'은 그 수레의 두 바퀴라 할 수 있다.

'배고픔'에 주로 신경 쓰는 집단을 우리는 보수라고 부르며, 보수는 '자유'를 통해 그것을 이루려고 한다. 반면 '배 아픔'에 주로 신경 쓰는 집단을 진보라고 하며, 이들은 자연히 '평등'을 지상 가치로 추구한다.

한 나라 국민의 행복지수가 더 커졌다는 것은 그 사람들의 배가 '덜 고프면서 또 덜 아프게' 되었다는 것을 의미한다. 그 나라 역사의 수레가 그만큼 앞으로 전진했다는 뜻이다. 이렇게 볼 때 보수와 진보는 떡을 키우고 나눔으로써 역사라는 수레를 앞으로 나아가게 만드는 두 바퀴다. 이 바퀴 중 하나만이 계속 커지면, 즉 불균형이 생기면 그 수레는 앞으로 가지 못하고 제자리에서 뱅글뱅글 돌고 만다.

보수만 있으면 '배고픈' 문제는 더 잘 해결하겠지만, '배 아픈' 문제는 제대로 해결하지 못할 가능성이 높다. 앞서 이야기한 것처럼, 1960년대에 당당히 선진국의 반열에 있었던 필리핀이 오늘날 세계적 빈국의 하나로 전락한 것은 보수만 있고 진보가 없었기 때문이다. 반대로 진보만 있으면 평등은 이루겠지만, 떡을 제대로 키우지는 못한다. 결과적으로 '배고픈 평등'밖에는 이루지 못한다. 그러면 역사의 발전이 중단된다. 공산주의가 망한 것은 역사의 수레를 '진보'라는 한쪽 바퀴로만 전진시키고자 했기 때문이다.

보수 정권이 지나치게 오래 지속되면, 그 사회에는 양극화가 발생할 가능성이 무척 높아진다. 그것이 가져오는 사회적 모순과 갈등이 너무 커져서 결국은 '떡을 키우는 일', 즉 '배고픔'을 치유하는 일에도 차질이 생기게 된다. 우리나라가 그 대표적인 예다.

우리나라의 1980년대를 돌이켜보자. 25년간 박정희, 전두환의 보수 일변도 정책으로 나라의 떡이 엄청나게 커졌다. 그러나 보수의 장기 집권으로 인해 사회적으로 대립과 갈등 구조가 너무 심해지는 바람에 그것은 궁극적으로 '떡을 키우는', 즉 '경제 발전'이라는 보수의 정책을 계속 추구하는 데도 엄청난 장애가 되고 말았다. 보수가 더 이상 보수만으로 역사의 수레를 앞으로 더 전진시킬 수 없다는 것을 인정한 것이 바로 1987년의 6·29 선언이었다. 다행히 우리나라는 그 후 김영삼, 김대중 같은 탁월한 민주화 리더들과 피를 흘린 용감한 국민의 희생을 통해 민주화를 이룰 수 있었고, 그 덕분에 떡을 키우는 것과 나누는 것의 균형을 취할 수 있게 되었다. 그러면서 우리는 무사히 선진국의 반열에 오르게 된 것이다.

문제는 국민이 어느 시점에서 어떤 가치가 더 시급히 실현되어야 할 가치라고 인식하는가 하는 것이다. 국민에게 정권을 선택하도록 하면, 즉 민주주의를 하면 그들이 그것을 선택한다. 떡을 키울 때라고 생각되면 보수에게 정권을 주고, 나눌 때라고 생각하면 진보에게 정권을 준다. 보수와 진보 사이에 균형이 잡히도록 하면서 역사를 발전시켜나가는 것이다.

민주화는 역사 발전의 필수조건이다. 역사적으로 민주화를 이루지 못한 나라가 단 한 번도 선진국이 되지 못했다는 사실이 이 원칙을 가장 웅변적으로 보여준다. 앞서 언급한 필리핀을 비롯하여 남미와 아프리카 등에 제대로 된 선진국이 하나도 등장하지 못한 것은 그곳에 제대로 작동하는 민주주의를 갖춘 나라가 없기 때문이다. 그런 면에서 중국도 경제 규모는 대단히 크지만 선진국이라고는 할 수 없다. 민주주의를 갖추지 못했기 때문이다.

이처럼 보수와 진보의 역할은 다르고, 둘 다 하나의 사회를 위해 꼭 필요하다. 우리나라를 포함한 대부분 민주국가의 헌법은 그래서 '자유와 평등'을 국가의 두 가지 핵심 가치로 설정하고 있다. 따라서 보수당과 진보당은 각각 헌법적 가치를 실현하는 두 개의 전위 부대라 할 수 있다.

보수의 가치인 자유는 인류 역사 발전의 필요조건이다. 그러나 자유만으로 역사가 지속적으로 발전하지는 않는다. 평등을 향한 노력이 반드시 뒤따라야 한다. 그런 면에서 또한 평등은 역사 발전의 충분조건이라 할 수 있다.

06
이념(이데올로기)이란
무엇인가

'보수'와 '진보'는 이념의 문제다. 그렇다면 '이념'이란 무엇인가? 인류가 하나의 집단으로 생존하기 위해서 반드시 필요한 다음 세 가지 이슈에 대한 여러 가지 생각들을 통칭하여 '이념'이라고 부른다.

1. 떡을 어떻게 키울 것인가?

떡을 키우는 방법은 여러 가지가 있다. 귀족 밑에 소작농과 하인을 두어 떡을 키우게 할 수 있다. 아니면 모두 집단농장에 집어넣어 키울 수도 있다. 또는 개인의 자유를 존중하여 각자 주인이 되어 자기가 원하는 방법으로 키우게 할 수도 있다.

2. 키운 떡을 어떻게 나눌 것인가?

모든 사람에게 똑같이 나눌 수도 있고, 각자 능력대로 자기가 번 것만큼 가져가게 할 수도 있다. 혹은 이 두 가지를 적당히 혼합할 수도 있다.

3. 위의 이 지극히 중요한 두 가지 문제를 누가, 어떻게 결정할 것인가?

한 명의 독재자가 독단으로 결정하게 할 것인가, 아니면 사람들의 뜻을 대변할 대표자를 선출하여 그에게 결정을 위임할 것인가? 그것을 적당히 혼합하여 결정할 수도 있을 것이다.

인류 역사상 세계의 거의 모든 주요한 갈등과 대립은 바로 이 세 가지 질문을 둘러싼 문제에서 비롯되었다고 해도 과언이 아니다. 민주주의, 공산주의, 사회주의, 자본주의, 자유주의, 보수, 진보, 중도 등의 용어들은 모두 이 질문들에 대한 여러 답들이다. 이념을 구성하는 요소들은 수십, 수백 개가 된다. 이 요소들은 다양한 기준으로 나눌 수 있다. 이 그러나 이 스펙트럼을 가장 광범위하게 구분하는 요소가 하나 있다. 그것이 바로 '보수 대 진보'라는 개념이다. 그런 면에서 '보수'와 '진보'는 이념에 있어 가장 중요한 요소라고 할 수 있다.

'보수'와 '진보'는 민주주의를 실행하기 위한 이념적 도구

여러 가지 이념 중에서도 가장 중요한 것이 바로 민주주의다. 민주주의는 '자유와 선택의 원리', 즉 '시장의 원리'가 정치에 적용된 것이다. 한마디로 정치를 시장의 원리로 하는 것이다.

민주주의는 정당들이 일정한 규칙의 틀 안에서 국민으로부터 신임을 받아 정권을 잡기 위한 경쟁이 자유롭게 일어나는 곳이다. 그렇다면 정당은 국민에게 자신들이 추구하는 '이념'을 알려야 한다. 그것을 여러 가지 정책으로 복잡하게 설명하지 않고 가장 단순하고 쉽게 알릴 수 있도록 하기 위해 태어난 것이 바로 '보수'와 '진보'라는 개념이다.

보수에게 표가 더 많이 가면 그것은 국민이 '자유'의 확대와 '공동체 전체의 이익'을 선호하는 선택을 했다는 뜻이다. 반대로 진보에게 표가 더 많이 가면 '평등'의 확산과 '국민 개개인의 안녕'을 우선시하는 길을 선택했다고 볼 수 있는 것이다.

6장

보수로 융합되고 있는
진보의 경제 철학

01

보수와 진보의
정책적 차별성

　'자유와 선택의 원리'가 가장 직접적으로 적용되는 것이 바로 경제 분야다. 사실 보수와 진보의 철학은 경제 분야에서 시작되었다고 해도 과언이 아니다. 경제란 그만큼 인류에게 중요하기 때문이다.

　경제 정책이란 정부가 '자유'를 더 중시하느냐 '평등'을 더 중시하느냐에 따라, 그리고 '전체'를 더 중시하느냐 '부분'을 더 중시하느냐에 따라 확연히 달라진다. 20세기는 한마디로 거대한 실험의 시기였다. 각국의 지도자들이 이 두 가지 다른 이념과 그에 따른 정책들을 마음껏 실험해본 시기였다. 그리고 그 실험의 결과 다음과 같은 두 가지 중요한 결론이 도출되었다.

첫째, 떡을 제대로 나눠주기 위해서는 먼저 키워야 한다는 것이다. 키우지 않은 채, 나눠주는 데 몰두하는 경제는 반드시 당초 의도와 달리 온 국민을 도탄에 몰아넣더라는 것이다. 공산주의 국가들, 베네수엘라 등 그런 예는 많다.

둘째, 떡을 키우는 데 있어서는 '명령의 원리'가 아니라 '자유와 선택의 원리'를 적용하는 것이 필수적 요건이라는 것이다.

여기에 대해 글로벌한 공감에 이루어지면서 적어도 경제 분야에 있어서는 보수와 진보의 철학이 융합되고 있다. 더 정확하게 이야기한다면, 진보가 '자유와 선택의 원리' 쪽으로 융합되고 있다는 것이다.

보수와 진보의 상반된 경제 철학

보수와 진보 간 철학의 차이는 정책 분야에서 두드러지게 나타난다. 간단히 요약해보면 다음과 같다.

1. 정부의 역할
- 보수 : '작은 정부' 선호 → 가능한 한 정부가 아니라 '시장'이 뛰도록 해야 한다.
- 진보 : '큰 정부' 선호 → 불공평을 고치기 위해서는 큰 정부가 필요하다.

2. 세금 규모
- 보수 : 감세 선호 → 돈을 가능하면 정부가 아니라 민간이 쓰기를 원한다. 자기 것이니 더 아껴 쓸 것이기 때문이다.
- 진보 : 증세 선호 → 약자를 돕기 위해 정부에게 할 일이 많으니 정부에게 돈이 많아야 한다.

3. 경쟁

• 보수 : 경쟁은 많을수록 좋다. 더 열심히 하게 되고 생
　　　　산성이 더 오른다.

• 진보 : 경쟁이 너무 많으면 약자에게 불리하다. 즉,
　　　　'평등'이 훼손된다.

4. 주요 경제 주체

• 보수 : 사기업 → 자유와 경쟁을 추구하기가 쉽다.

• 진보 : 공기업 → 약자를 돌보기 쉽다.

5. 노조 영향력

• 보수 : 축소 → '자유와 선택의 원리' 작동에 부담이
　　　　된다.

• 진보 : 증대 → 회사에 비해 약자인 노조의 영향력이
　　　　커져야 한다.

6. 규제

• 보수 : 자유를 신장하기 위해 규제를 줄여야 한다.

• 진보 : 규제를 얼마든지 강화할 수 있다. 그래야 평등

을 유도하기 쉽다.

7. 복지

- 보수 : 사회 전체의 떡을 키움으로써 복지를 실현하는 것이 더 바람직하다.
- 진보 : 약자인 개인별 복지를 우선시해야 한다.

8. 법과 질서

- 보수 : 매우 중시 → 자유가 방종으로 흐르는 것을 예방해야 한다.
- 진보 : 덜 중시 → 약자인 개인의 상황을 참작해야 한다.

9. 노조 대 기업

- 보수 : 친기업 → 거시적으로 보면 결국 기업이 떡의 원천이다. 기업이 잘 돼야 모두가 잘 살게 된다.
- 진보 : 친노조 → 대부분이 근로자이기 때문에 친노조가 국민을 위한 길이다.

이를 표로 정리해보면 다음과 같다.

보수와 진보의 정책 방향 비교

	보수	진보
정부의 역할	작은 정부	큰 정부
세금의 양	감세	증세
경쟁	경쟁 확대	경쟁 축소
경제 주체	사기업	공기업
노조 권한	축소	확대
규제	규제 축소	규제 확대
복지	사회 전체의 풍요를 통한 복지	개인 중심의 복지
법과 질서	엄격, 예외는 최대한 축소	약자에 대한 배려
노조 대 기업	친기업	친노조

20세기 후반부터 지금까지 50~60년 동안 위 표에 나타
난 다양한 정책들을 중심으로 각국에서 온갖 형태의 실험
들이 실행되었다. 성공도 있었지만 실패도 많았다. 그러면
서 경제 정책에 있어 보수와 진보 간에 하나의 거대한 컨

센서스, 즉 의견의 일치가 형성되고 있다. 다시 말해 이제 경제 분야, 즉 '떡을 키우는 면'에서는 보수와 진보 간에 별로 큰 차이가 없어져버렸다는 것이다. 더 정확하게 이야기하자면 경제 분야에서는 진보가 보수의 철학에 융합되어가고 있다.

양 진영 간의 이 거대한 공감은 '자유와 선택의 원리'를 활용한 보수 지도자들이 연속적으로 보여준 혁혁한 성공들이 촉발시켰다. 보수 지도자들의 성공들에서 영감을 얻은 진보 지도자들이 이 교훈들을 과감히 채택하고 또 그를 통해 성공하는 것이 목격되면서 글로벌한 차원에서 공감이 형성되고 있는 것이다.

이 실험과 공감의 과정을 자세히 살펴보자.

02

'자유와 선택의 원리'로 나라를 구해낸
보수의 지도자들

한 나라의 경제가 망하는 데는 여러 가지 다양한 이유
들이 있었다. 대표적인 예를 들어보자.

- 한국이 1997년 IMF 사태까지 갔던 것은 기업들의 채
  무가 도저히 나라가 감당할 수 없을 만큼 너무 커져
  버렸기 때문이었다.
- 1976년 영국이 IMF 사태에 처했던 것은 노조의 횡포
  가 너무 오랫동안 지속되어 그 피해가 너무 컸기 때

　　　　　　　　　　　　　　　　　　　　보수의 영혼

문이었다.

- 일본에 1980년대부터 '잃어버린 20년'이라는 경제 참사가 시작되었던 것은 몇십 년간 계속된 호황으로 경제 전체에 끼이게 되었던 엄청난 거품이 갑자기 꺼져버렸기 때문이었다.
- 1970년대 미국에 '스태그플레이션stagflation'이라는 초유의 불황이 엄습했던 것은 근 20년에 가깝게 지속된 진보 정부 아래서 남발되었던 각종 규제로 인해 경제의 숨통이 막혀 있었기 때문이었다.

'자유와 선택의 원리'가 정말 떡을 키우는가? 그것을 알기 위해서는 바로 위에 열거한 그 위기들이 어떻게 극복되었는가를 보는 것이 도움이 될 것이다.

영국 마거릿 대처 총리의 경제 개혁

우리는 1997년에 대한민국에서 일어났던 IMF 사태

를 잘 기억하고 있다. 우리는 그것을 일제 침략에 버금가는 참사로 비유할 정도로 대단한 치욕으로 받아들였다. 제 2의 '국치의 날'이라고 하면서 온 국민은 모멸감과 수치심에 어쩔 줄 몰라 했었다.

그렇다면 200년 가까이 세계 최강국이었던 나라가 그런 치욕을 당했다면 어땠을까? 바로 영국이 그 나라였다. 1976년이었다. 어떻게 세계 최강의 경제 대국 중의 하나가 IMF라는 치욕을 겪게 되었을까?

영국의 경우는 가장 중요하게 노사 관계에서 이 '자유와 선택의 원리'가 작동하지 않았기 때문이었다. 한마디로 노조가 너무 강했다. 노조가 어느 정도로 강했는가를 가장 웅변적으로 보여주는 것이 바로 '불만의 겨울Winter of Discontent'이라 불리는 역사적으로 유명한 노조의 힘 과시 사건이었다.

1978년 말부터 1979년 초에 걸쳐 영국의 자동차 노조, 운수 노조, 병원 노조, 청소 노조가 연대하여 장기 파업을 일으켰다. 런던 거리 전체가 쓰레기와 악취로 가득 찼고, 사람이 죽어도 아무도 치우지 않는 등 온 나라가 지옥 같은 더러움과 치욕 속에서 몇 달을 지내야 했다. 런던의 온

보수의 영혼

시민이 문자 그대로 이 겨울 동안 살아남을 수 있을까 진심으로 걱정해야만 했던 참혹한 시기였다.

그 당시 영국의 노조 조직률은 50%를 웃돌았다(10명의 근로자 중 5~6명이 노조원이었다). 노조가 이렇게 강한 상황에서는 경제에 자유와 선택의 원리가 작동할 수 없다. 사실상 노조가 노동 공급권을 독점하는 상태였기 때문이다. 그러니 노조의 마음에 안 들면 하루아침에 총리도 목이 날아가곤 했다. 이런 상황이 계속되면서 영국 경제의 모든 분야가 멍들게 되었고, 급기야는 치욕적인 IMF의 구제금융을 받지 않고는 경제를 지탱할 수 없는 사태가 왔던 것이다.

이 절체절명의 시기에 나타난 구원 투수가 바로 마거릿 대처 총리였다. 1979년 취임하여 약 11년간 마거릿 대처 총리가 한 가장 큰 일이 바로 노동 개혁이었다. 한마디로 노사 관계에 자유와 선택의 원리가 작동하게끔 만든 것이었다.

가장 중요하게 1980년부터 약 4년 동안 다섯 가지의 핵심 노동관계법을 개정해서 바로 노사 관계에 '자유와 선택의 원리'가 작동하게 만들었다. 예를 들어 다음과 같은 것들이다.

1. 국가적 고질병이었던 소위 '동정 파업'을 불법화시켰다.
2. 노사 분규 대상을 명문화하고 정치적 파업 등과 관련해 노조 간부의 면책 특권을 제한했다.
3. 파업 시 파업 여부에 대한 사전 투표를 의무화시켰다.
4. 노조 간부는 비밀 투표로 선출하게 했다.
5. 노조의 면책 특권을 완전 박탈하고, '클로즈드 숍closed shop(회사에 입사하려면 우선 노조원이 되어야 하는 요건)'을 없앴다.
6. 노조에 반대할 수 있는 개별 근로자의 권리를 확대했다.

여기에 덧붙여, 각종 규제를 완화하고, 다양한 경쟁 촉진 제도를 도입하고, 방만한 재정 지출을 삭감하고, 만발해 있던 공기업들을 민영화하는 등의 과감한 개혁들을 감행해나갔다. 이 모든 정책들은 한마디로 경제에 '자유와

보수의 영혼

선택의 원리'를 강화하는 정책들이었다.

그 결과는 어땠을까? 11%가 넘던 실업률은 5년 만에 거의 반으로 줄었고, 근 13%에 달했던 물가상승률은 그 3분의 1(3.7%)로 내려앉았으며, 1만 달러 정도였던 1인당 GDP는 거의 2만 달러 가깝게 올랐고, GDP 성장률은 거의 5배가 뛰었다(1.5%). 당연히 IMF도 졸업할 수 있었다. 놀랍지 않은가?

가장 어려운 노사 관계에 다시 자유와 선택의 원리가 작동하게 되면서 이 개혁은 사회의 다른 분야로도 확대되어나갔다. 그것이 이런 경이로운 결과를 가져올 수 있었던 것이다. 너무나 큰 곤경에 빠져 있었던 영국이라는 나라에서 일어난 이 거대한 실험의 성공은 전 세계에 '자유와 선택의 원리'의 그 막강한 힘을 널리 알리는 계기가 되었다.

미국 레이건 대통령의 경제 개혁

1981년 취임한 미국의 레이건 대통령은 전임자 카터

대통령으로부터 만신창이가 된 경제를 물려받았다. 어느 정도였나 하면, 이자율이 근 20%에 달했고 실업률은 9%에 육박했다. 뿐만 아니라 성장률은 추락하고, 투자, 소비 등 각종 지표는 날로 악화되고 있었다. 경제를 이렇게 만든 것은 진보 정권들의 작품이었다.

미국은 1961년 케네디 대통령 이래 12년 동안 진보가 집권한 나라였다(케네디, 존슨, 카터). 자연히 이 기간 동안 미국은 전체적으로 진보의 물결이 넘쳤다(이 즈음 집권하였던 보수 닉슨 대통령은 월남전과 워터게이트가 초래한 극심한 혼란 속에서 사실 국내적으로 많은 일을 하지 못했다). 결정적으로 진보, 특히 카터 정부에서 경제는 급전직하했다. 대공황 이래 미국 경제가 이렇게 참담한 상태에 빠진 적은 없었다.

특히 당시 미국 경제는 역사상 처음 경험하는 기묘한 상황에 놓여 있었다. 즉, 경기 침체와 인플레이션이 동시에 발생하는 '스태그플레이션'이라는 현상이었다. 경기가 침체하면 일반적으로 물가가 오르지 않아야 하는데, 경기는 침체해 있는데 물가까지 오르는 상황, 기존 케인스 경제학으로는 설명할 수 없는 기현상이었다.

이런 상황에서 대통령에 취임한 레이건은 문자 그대로, '자유와 선택의 원리'에 대해 확고한 신념을 가진 사람이었다. 이것은 레이건을 당선시킨 다음의 선거 구호에서 가장 웅변적으로 표현된다.

"당신 어깨를 짓누르고 있는 정부를 떨쳐버려라Get the government off your shoulder."

이 구호는 수많은 미국 국민들의 심금을 울렸다. 즉, 규제를 없애고 시민의 자유를 키워야 한다는 뜻이었다.

레이건은 취임 직후부터 바로 이 이념을 실천하기 시작했다. 한마디로 '작은 정부'를 과감하게 실행에 옮겼던 것이다. 임기 초부터 방만한 재정 지출 축소와 대규모 감세를 단행했다. 또 여러 시장에서 실시되고 있던 가격 및 경쟁 통제 기능을 포함하여 정부의 관리 감독 기능들을 과감하게 없애버렸다.

대표적인 사례가 항공 산업이었다. 당시 미국의 항공사는 정부 규제의 늪 아래에 있었다. 민간 업체들이었지만 항공 요금뿐 아니라 할인 행사나 기내식 서비스 같은 것까지도 함부로 개선하지 못하게 하는 등 정부가 사사건건 기업 운영에 개입하고 있었다. 레이건은 이런 규제들을 과감하게 없었다. 그러면서 모든 부분에 경쟁 체제를 도입했다. 이렇게 되니 항공사들끼리 가격 경쟁이 일어나면서 항공권 가격은 일제히 하락했다. 이 저렴한 항공권, 그리고 온갖 분야에서 경쟁이 촉발한 서비스 개선 덕분에 고객들이 늘어나면서 항공 산업은 폭발적으로 성장했다. 이런 종류의 개혁이 경제의 구석구석에서 실행되어나갔다.

경제의 모든 분야에서 이러한 '자유와 선택의 원리'가 확산되면서 미국은 스태그플레이션을 벗어났을 뿐 아니라 경기까지 활성화되면서 왕성한 호황 국면으로 들어가게 되었다. 레이건의 8년 재임 동안, 10%가 넘던 인플레이션은 4%대로 내려갔고, 7%대이던 실업률은 4.2%로 내려앉았으며, 0.8%였던 성장률은 1.4%로 올랐다. 생산성도 대폭 증가했다.

재미있는 것은 바로 이 자유와 선택의 원리에 입각한 정책이 대서양을 사이에 두고 미국과 영국(대처 총리)에서 동시에 실행되면서 두 나라가 함께 거대한 불황의 늪에서 빠져나왔을 뿐 아니라 극적으로 호황 국면으로 진입했다는 사실이다. 이 두 나라는 모두 이를 통해 장기 번영의 틀을 구축하게 되었다는 평이다.

보수의 영혼

일본 고이즈미 총리의 경제 개혁

미국과 영국이라는 세계 경제의 양대 산맥에서 '자유와 선택의 원리'를 통해 기적 같은 경제 부흥이 일어나는 것을 보고 사람들이 놀라고 있을 때, 바로 이 원리의 정당성에 쐐기를 박는 사건이 또 하나 일어났다. 바로 일본에서였다.

일본은 1945년 2차 대전 패전 후 약 40년의 기간 동안 기적 같은 경제 대부흥을 이루었다. '주식회사 일본'이라는 별명을 얻으며 일사불란하게 제조업 강국으로 경제 구조를 개편하고, 세계 시장에서 'Made in Japan'을 고품질의 대명사로 만들면서 일약 경제 대국으로 발돋움했다. 일본의 경이적인 발전을 보면서 일부 미국의 저명한 경제학자들은 머지않아 일본이 세계 최대의 경제 대국인 미국까지 추월할 것이라는 예측을 공공연하게 내놓을 정도였다.

그러던 1985년, 미국이 칼을 빼들었다. '플라자 합의Plaza Accord'를 통해 일본 엔화의 가치를 한꺼번에 거의 두 배 가까이 올려버린 것이었다. 이것은 일본 경제에 직격탄을 가했다. 일본 경제에 만연하고 있었던 경제 거품을 일시에 꺼버리는 효과를 가져온 것이다. 소위 일본의 '잃어버린 20년'이 시작된 것이었다. 일본 도쿄 노른자 지역의 부동산 가격이 심한 경우 10분의 1까지도 폭락하면서 마음이 가난해진 일본인들이 아무도 돈을 쓰지 않는 전형적인 디플레이션 경제가 시작되었다.

이런 극단적 침체 속에서 15년을 지난 시점인 2001년경, 일본에 약 5년간 기적 같은 경제 부흥이 일어났다. 아무도 예상치 못하던 시기에 경제의 극적인 회복이 시작되었던 것이다. 그것은 그 시점에 집권한 고이즈미 총리의 일련의 과감한 개혁들 덕분이었다. "새로운 일본, 잃어버린 10년을 되찾자"라는 구호하에 그는 일본의 경제 분야 곳곳에 다시 '자유와 선택의 원리'가 작동하도록 만들었고, 이 시도들은 경제에 엄청난 활력을 불어넣으며 대부활을 시도하는 계기를 만들어주었다.

고이즈미 개혁의 첫걸음은 전형적인 보수의 개혁이었다. 비대하고 권위에 안주하는 관료 조직을 개혁하는 것, 한마디로 '작은 정부'를 만드는 것이었다. 그 개혁의 강도가 어느 정도였나 하면, 고이즈미는 정부 산하 163개 기관

보수의 영혼

중 136개를 폐지, 민영화하거나 독립 법인화했다. 직업소개소 같은 것은 물론 심지어는 교도소까지도 일부 민간에 이관했다. 주식 보유 총액 제한제를 폐지하고, 최저 자본금 특례 제도를 도입하기도 했다. 그 외에도 부실채권 정리와 정부 예산 삭감, 도로공단 등 공기업 개혁, 지방 재정 개혁 등 굵직한 개혁 과제를 설정하여 과감하게 밀고 나갔다. 무엇보다 각종 규제를 철폐하여 기업이 힘차게 뛸 수 있는 환경을 조성해나갔다.

그중에서도 가장 주목을 끈 것은 우정성의 민영화 작업이었다. 당시 일본 국민 예금의 70%는 우정성이 보유하고 있었다. 이렇게 많은 돈이 들어가 있는데 정부 조직의 특성상 이 돈들이 민간으로 다시 환류되기가 무척 어려웠다. 자연히 효율적으로 활용되지 못하고 있었다. 그래서 고이즈미는 우정성 민영화 작업을 시작했다. 이 막대한 자금이 가져오는 그 다양한 이권과 특혜에 젖어 있는 공무원들의 저항은 당연히 필사적이었다. 그러나 그는 이 개혁을 밀고 나갔다. 그는 관료 출신은 일체 배제하고 명망 있는 학자들로 개혁 추진팀을 구성해서 과감하게 개혁을 밀고 감으로써 결국 돌파구를 여는 데 성공했고, 그 개혁 작업은 지금도 성공적으로 계속되고 있다.

이 모든 노력들은 경제를 관료들의 손에서 빼앗아 시장, 즉 시민의 손에 넘겨주려는 시도들이었다. 작은 정부를 향한 집요한 노력이었다. 그 결과 고이즈미는 불과 집권 5년(한국의 단임 대통령 정도의 기간) 만에 골칫거리였던 기업의 부실채권 비율을 10.4%에서 2.4%로 줄이고, 실업률은 4.8%에서 2.4%로 반토막내고, GDP 성장률은 0.8%에서 두 배가 넘는 1.7%로 끌어올렸다. 기업 도산 건수도 근 2만에서 1만 3,000건으로 끌어내리는 혁혁한 업적을 이루어냈다.

고이즈미의 매력은 정치인으로서 자신의 말을 지킨다는 것이었다. 그는 이러한 경제 분야에서의 역사적 업적 덕분에 쌓인 높은 국민적 인기에도 불구하고 당초 약속대로 2006년 9월에 총리직을 사퇴하고 야인으로 돌아갔다.

이 모든 개혁이 지향하는 원칙은 같았다. 일본 경제의 가능한 모든 분야에 '자유와 선택의 원칙'이 작동되도록 하는 것이었다.

03

'자유와 선택의 원리'를 실행하여
성공한 진보 지도자들

1980년에서 시작하여 2005년까지 약 20여 년 동안 대처 총리, 레이건 대통령, 고이즈미 총리 등이 실증적으로 보여준 '자유와 선택의 원칙'의 효능은 전 세계 리더들에게 강렬한 인상을 주었다. 동시에 이들은 1989년 소련의 붕괴를 목격하였다. '자유와 선택의 원리'에 정면으로 배치되는 '명령의 원리'에 의존했던 소련의 붕괴는 모두에게 가장 극적으로 다시 한번 '자유와 선택의 원리'의 실효성을 주목하게 만들었다.

가장 의미 있는 것은 이 명제를 세계의 다수 진보 리더들도 받아들이게 되었다는 사실이다. 그동안 시장의 원리, 즉 '자유와 선택의 원리'는 보수의 전유물이었다. 그런데 이제 진보 지도자들도 그들이 직접 목격한 가장 극적인 성공들과 가장 극적인 실패의 사례를 목격하면서 이제 자유와 선택의 원리를 광범위하게 받아들이기 시작했다. 가장 의미심장한 사실은, 이들이 대부분 성공했다는 것이다. 진보 지도자들 중 이들을 '깨어 있는 진보'라 부른다. 그러나 아직도 이 원리의 의미를 깨닫지 못하고 있는 진보를 '아둔한 진보'라 불러본다.

다음으로 이야기할 이들이 바로 대표적인 '깨어 있는 진보'들이다.

영국의 토니 블레어 총리

블레어는 진보인 노동당 정권의 수반이었음에도 불구하고, 대처 총리의 '자유와 선택의 원칙'에 입각한 정책들을 그대로 계승, 발전시킴으로써 영국 경제를 한 단계 더 올려 강건하게 만드는 데 성공했다고 평가받는다.

블레어의 재임 중 영국 경제는 선진 경제에서 보기 드물게 연속으로 3%대 성장을 거듭했으며, 무엇보다 완전 고용에 가까운 일자리 창출에 성공했다. 그의 재임 중 런던증권거래소가 뉴욕증권거래소를 상장기업 수에서 앞지르게 되었다는 것은 영국의 경제적 도약, 세계가 영국 경제에 대해 가지고 있는 신뢰를 가장 웅변적으로 상징하는 사건이었다. 런던이 2012년 올림픽 개최 도시로 선정된 것도 영국 경제의 호황과 영국의 미래에 대한 세계의 신뢰를 반영했던 것이라 할 수 있다.

사람들은 진보 정권인 블레어 정부가 경제 분야에서 이런 업적을 이룬 것에 놀랐다. 사실 많은 사람들이 블레어 정부가 보수당인 줄 착각하고 있을 정도다. 블레어는 무엇보다 '공평과 평등의 원리'에만 집착하는 고전적 사회주의의 틀로부터 과감히 탈피하여 정보화 시대에 걸맞은 새로운 정당으로 노동당을 개조해야 한다고 믿었고, 그리고 그것을 성공적으로 이루었다.

그는 '공평과 평등'이라는 사회 정의적 목표는 지켜가되

이의 실현을 위한 방법과 정책은 새 시대의 요건, 즉 대처 총리가 보여준 것과 같은 그 '자유와 선택의 원리'의 요건에 맞게 새롭게 개발돼야 한다고 믿었다. 큰 정부, 높은 세금, 많은 규제에 의존해서는 도저히 경제가 성장할 수 없고, 도리어 시민에게 이런 부담을 덜어주고 풍성한 자유를 줌으로써 창의성을 자유롭게 발휘하도록 하는 것이 이 시대 민주사회주의가 나아갈 길이라는 것을 깨달았던 것이다. 그는 진보 지도자였지만 보수 지도자였던 대처의 철학들을 배우고 답습하는 것을 전혀 부끄러워하지 않았다.

블레어는 이렇게 선언했다. "이제 좌와 우가 대립하는 이념의 시대는 지나갔고, 이제 우리에게 남아 있는 선택은 개방과 폐쇄 사이의 그것이다." 그의 이 비전은 21세기 모든 정치인들에게 던지는 거대한 예언자적 메시지였다.

보호주의, 고립주의, 민족주의를 통해 역사의 흐름을 되돌릴 수 있다는 망상을 깨야 한다는 것이 그의 진단이었다. 한마디로 그는 영국을 전 세계를 개방 사회로 만드는 기수로 만들고자 열망했고, 그 흔적은 아직도 도처에 남아 있다.

그는 일부 진보 정치인들로부터 친노동 정책을 펼치지

보수의 영혼

않는다고 '배신자'라는 비난을 받기도 했지만, 그의 새로운 이상과 신념은 영국이라는 나라를 부강하게 만들었을 뿐 아니라 노동당 당수로서는 역사상 유일하게 노동당을 세 번의 총선에서 연속으로 승리하도록 만드는 업적을 남기기도 했다. 그의 이러한 '깨어 있는 진보'로서의 명성과 업적은 세계의 다른 진보들에게 강렬한 인상을 주었다. 이웃 나라 프랑스 대통령 선거에 출마했던 유력 진보 후보, 세골렌 루아얄이 블레어를 자신의 '이상형'이라고 지칭할 정도였다. 그는 진정으로 21세기가 요구하는 새로운 진보의 모델을 만들었던 것이다.

독일의 슈뢰더 총리

유명 경제주간지 이코노미스트는 1999년 독일을 '유럽의 병자病者'라고 꼬집었다. 독일은 사실 그때 그런 소리를 들을 만한 상황이었다. 1980년대 이후 줄곧 증가한 실업률은 급기야는 독일의 중요한 사회적 문제로 등장했다.

1980년에 3.3%에 불과했던 실업률은 불과 3년 만에 8.1%로 급상승했고, 특히 심각했던 것은 실업 기간이 1년 이상인 장기 실업자가 12%에서 28.5%로 수직 상승했다는 사실이었다. 여기에다 수출 부진, 생산기지의 해외 이탈, 과도한 복지 부담, 통일 비용 지출까지 겹쳐 경제와 재정 상태는 날이 갈수록 급속히 나빠지고 있었다. 한마디로 앞이 캄캄해진 상황이었다.

이런 '병자'의 칭호를 받던 독일 경제가 21세기가 전개되면서 '유럽의 우등생'으로 완전히 탈바꿈했다. 실업률은 완전 고용에 가까운 4%대로 낮아졌고, 경제성장률이 유럽연합EU 평균을 훌쩍 웃돌면서 독일은 유로존(유로화 사용 19개국)의 성장을 견인하고 있다. 어떻게 이런 화려한 부활이 가능했을까?

부활의 비결은 독일 정부가 '자유와 선택의 원리'를 경제 운용의 근본 틀로 채택했기 때문이었다. 여기에 시동을 건 사람이 2003년 당시 진보 정부의 총리였던 게르하르트 슈뢰더 총리였다. 그는 진보 리더로서는 특이하게 자유와 선택의 원리에 맞는 다양한 개혁안을 담은 '어젠다 2010 Agenda 2010'이라는 정책 제안을 발표했다. 이것은 복지, 노동, 세제, 교육, 행정, 산업 정책 등 다양한 분야에서 '자유와 선택의 원리'를 광범위하게 확대하는 일련의 개혁 백서였다.

'어젠다 2010'에서 제시된 개혁의 방향을 구체적으로 실현하는 기구가 바로 '하르츠 개혁Hartz Reforms'이었다. 폭스바겐의 노동 이사 출신인 피터 하르츠는 이 어젠다 실현을 위해 구성된 하르츠 위원회의 위원장으로서 어젠다 2010에서 제시한 노동 개혁들을 대부분 이루어냈다.

이 개혁의 핵심은,

- 시간제 일자리를 늘리고 해고를 쉽게 하는 대신,
- 취업 교육과 구직 지원을 강화해 경직된 노동 시장 구조를 뜯어고친다는 것이었다.

이 일련의 개혁안들은 사실상 노동 시장의 모든 문제들을 총괄적으로 망라하고 있었고, 그 각각에 대한 처방은 일관성이 있었다. 한마디로 자유와 선택의 원리를 확대하기 위해 방만한 복지와 경직된 고용 구조에 칼을 들이댄 것이다.

이 정책들이 당연히 진보에게 인기가 있을 리 없었다. 이 '인기 없는 정책'들을 밀어붙인 슈뢰더는 2년 뒤 총선에서 대패했고, 그 결과 조기 퇴진하게 되었다. 하지만 총선 승리로 정권을 잡은 우파 기독교민주당의 앙겔라 메르켈 총리는 놀랍게도 슈뢰더 전 총리의 '어젠다 2010'을 원안대로 따랐다. 메르켈이 강한 열정으로 이 정책들을 실행한 덕분에 몇 년 뒤부터 그 개혁의 효과가 나타나기 시작했다. 독일 기업들의 경쟁력이 되살아나고 경제가 활기를 되찾아나갔다. 초반에 반발하던 노동자들도 노·사·정 대타협을 이뤄 고통 분담과 상생에 동참했다. 슈뢰더의 개혁안이 '유럽의 병자'를 '유럽의 우등생'으로 변화시킨 획기적 기제가 되었던 것이다.

'어젠다 2010'과 '하르츠 개혁'이 없었다면 절대 오늘날 세계 경제를 이끄는 독일이라는 나라는 없었을 것이다. 가장 의미 있는 사실은 이러한 개혁들이 진보 정부에 의해 구상되었다는 사실이다.

슈뢰더는 전 세계 진보 지도자들에게 분명한 메시지를 보낸 두 번째 진보 지도자였다. 바로 진보가 이념의 틀에 갇혀 있어서는 안 된다는 것, 세상을 살찌우는 기본 원리는 '자유와 선택의 원리'라는 것이다. 그는 진보임에도 불구하고 어떤 면에서는 진보의 주역인 노동자들의 권익을 깎아내는 듯 보이는 노동 개혁을 제안하고 그 실행의 토대를 만들었다. 우연히도 4차에 걸친 '하르츠 개혁'은 오늘날 한국 사회가 겪고 있는 모든 노동 문제를 다 정면으로 겨냥하는 개혁들이다. 즉, 노동 시장에도 자유와 선택의 원리가 적용되도록 하는 것이다.

오늘날 독일의 경제가 유럽의 다른 모든 나라를 압도하는 선두주자가 된 것은 바로 이런 개혁들 덕분이었다. 이 개혁의 가장 중요한 수혜자는 누구인가? 바로 노동자 자신들이다. 보수의 사고방식, 즉 넓게 보고 길게 보는 생각은 보수만 할 수 있는 것이 아니다. 진보도 얼마든지 그렇게 할 수 있는 것이다.

독일의 부활은 한국에도 많은 것을 시사한다. 중도좌파 정당이 유례없는 개혁 정책을 추진하고 중도 하차했지만, 정권을 탈환한 중도우파 정당이 놀랍게도 이 정책들을 일관성 있게 이어갔다는 것은 국가를 이끄는 지도자의 역할이란 어떤 것인지를 새삼 생각하게 만든다. 한국에서는 상상하기 힘든 리더십이다. 얼마 전 한국을 방문한 슈뢰더 전 총리는 "리더라면 선거 패배를 감수하고라도 시대의 과제를 피하지 않아야 한다"며 한국을 향해 뼈 있는 조언을 남겼다.

미국의 클린턴 대통령

클린턴은 1993년에 46세의 나이로 대통령이 되었다. 그는 진보인 민주당 출신 대통령이었다. 그는 진보였기 때문에 물론 서민의 복지를 위한 많은 정책을 폈다. 예를 들어 '가족 의료법' 같은 것이다. 이는 회사의 직원이 직업적인 사유로 신체적 문제가 발생했을 때 회사에 대해 근로 환경의 시정을 요구할 수 있는 권리를 부여하는 법이다.

그러나 클린턴은 무척 똑똑한 사람이었다. 무조건 가난한 사람들에게 퍼주는 것이 그들을 제대로 돕는 길이 결코 아님을 잘 알고 있었다. 클린턴의 정책은 서민, 노동자들의 권리를 신장하되 경제 전체는 자유와 선택의 원리에 의해 움직이도록 해야 한다는 생각에 기반을 두고 있었다.

이를 위해서 그는 무엇보다 '작은 정부'가 중요하다는 생각을 했다. '작고, 더 효율적인 정부'가 그의 모토였다. 이는 큰 정부를 지향하는 전통적인 진보와는 확연히 구별되는 점이다.

그는 취임하자마자 연방 공무원 10만 명의 감축을 지시했고, 고어 부통령에게 정부를 '완전히 새롭게 재창조'하는 과업을 맡겼다. 이에 따라 고어는 국정성과평가팀NPR을 설치하고 본격적인 개혁 작업을 해나갔다. 특히 '정보 기술을 통한 정부 재구축' 프로그램을 실행함으로써 공무원을 30만 명 이상 감축했다.

그는 동시에 당시로서는 무척 선구적으로 벤처 기업 육성을 위해 많은 노력을 기울여 다양한 육성책을 폈다. 그러면서 경제는 기업들이 키우는 것이라는 인식하에 인간의 자발적 동기, 그리고 기업가 정신을 진작하는 분위기를 조성하기 위해 열심히 노력했다. 이처럼 그는 진보임에도 불구하고 경제에서만은 자유와 선택의 원리, 즉 시장의 원리를 존중하는 정책을 폈고, 그것이 놀랄 만한 성과를 거두었다.

수치로 나타난 성과는 다음과 같다.

- 실업률은 7.3%에서 3.9%로 거의 절반 가까이 떨어졌다.
- 평균 경제성장률은 3.8%로 거의 최고 수준에 이르렀다(그의 뒤를 이은 부시 대통령의 8년 임기 평균 경제성장률은 1.65%였다).
- 빈곤율은 13.5%에서 3.4%로 거의 3분의 1로 하락했다.

미국의 오바마 대통령

2017년에 취임한 오바마 대통령은 민주당 출신으로 아마 지난 몇십 년 동안 미국 대통령으로서는 가장 진보적인 대통령일 것이다. 그의 가장 진보적인 정책은 바로 '오바마 케어Obama Care'라고 불리는 의료보험제도의 개혁이었다. 모든 저소득층과 중산층에게 정부 보조금을 지급하고, 이를 통해 보험 가입을 유도하는 것을 골격으로 한 오바마 케어는 지난 50년 동안 가장 중요한 의료보험 개혁으로

꼽힌다. 한마디로 돈이 없어 의료보험을 얻지 못하는 저소
득층에게 의료보험이 돌아가게 만든 제도다. 그는 많은 저
항을 이겨내고 이를 법제화시켰다.

사회 문제에 있어 이렇게 적극적으로 진보의 색깔을 드
러냈지만, 경제 문제에서는 철저히 시장의 원리, 즉 자유
와 선택의 원리에 기반한 정책을 펼쳤다. 앞에서 이야기한
대로, 대공황 이래 최대의 경제위기로 꼽히는 2008년 금
융위기를 철저하게 시장의 원리에 의해 해결한 것이 대표
적인 예다. 그러나 다른 경제 이슈도 항상 같은 원리에 기
반하여 접근함으로써 미국 경제는 그의 재임 중 줄곧 견실
한 성장을 지속했다.

그는 누구보다 더 진보였지만, 그가 그렇게 '친시장'적
으로 접근한 것은 그것이 궁극적으로 가난한 사람에게
도 더 도움이 된다는 확신이 있었기 때문이다. 그는 이러
한 정책 덕분에 취임 당시 -2.8%였던 경제성장률을 퇴임
할 무렵에는 3% 중반대까지 끌어올렸다. 거의 8%에 육박
했던 실업률은 4%대로 끌어내렸다. 그는 재임 기간 중 평
균 매월 거의 11만 개에 달하는 일자리를 창출했는데 이
는 역대 최고 수준이다. 그의 이러한 균형 잡힌 접근법 덕

분에 그는 미국 역사상 가장 사랑받는 대통령 중의 하나로 퇴임했다.

오바마는 엄청나게 똑똑한 사람이다. 하버드 로스쿨은 미국에서 가장 똑똑한 사람들이 들어가는 곳이다. 그 똑똑한 사람들이 모인 하버드 로스쿨에서도 가장 똑똑한 10~20명이 〈하버드 로 리뷰Harvard Law Review〉의 편집인으로 뽑힌다. 여기에 들어가기가 너무 어렵기 때문에 이곳을 거쳤다는 것은 그 사람의 평생이 확실히 보장되는 것을 의미한다. 미국 전역의 모든 로펌들이 서로 뽑아가려고 혈안이 되기 때문이다.

이렇게 극도로 똑똑한 사람들이 모인 〈하버드 로 리뷰〉의 편집장은 학생 편집인들이 선거로 뽑는데, 지적으로는 물론 리더십 면에서도 압도적으로 탁월하지 않으면 꿈도 꾸기 어려운 자리다. 이 영예로운 자리에 역사상 최초로 흑인으로서 뽑힌 사람이 바로 오바마였다.

오바마는 대부분의 흑인들이 그렇듯이 골수 진보다. 가난하고 불쌍한 사람들에 대한 연민과 돕고 싶은 감정은 누구보다도 컸을 것이다. 그런 그가 경제 정책에 있어서 전통적인 진보의 정책인 '퍼주는' 노선을 택하지 않고 '시장의 원리'에 따라 움직이는 방향으로 폈다는 것은 전 세계 진보들에게 던지는 메시지가 무척 크다.

대한민국의 김대중 대통령

한국에도 오바마 같은 지도자가 있었다. 김대중 대통령이다. 1997년 12월 19일 밤, 바로 몇 시간 전 대통령 당선이 확정된 김대중이 발표한 첫 성명은 많은 사람들을 놀라게 했다. 그 일성이 다름 아니라 "대한민국에 민주주의와 시장경제가 창달되도록 최선을 다하겠다"는 것이었기 때문이다. 참 뜻밖이었다. 한국 진보의 대명사인 김대중의 대통령 당선자로서의 첫 일성이 '시장경제 창달'이라니⋯⋯. '시장경제'란 한마디로 '자유와 선택의 원리가 작동하는 경제'를 지칭한다. 김대중 대통령은 바로 이 정책때문에 5년 임기 동안 한국 경제가 IMF를 졸업하도록 했을 뿐 아니라 망가졌던 나라의 경제 구조를 견실하고 건강하게 만드는 데 성공했다는 평을 받는다.

그의 재임 중 경제 정책만 보면, 과연 이 사람이 진보 대통령인가를 의심하게 된다. 그는 5년 동안 금융, 기업, 노동, 공공 등 4대 핵심 분야에 모두 시장의 원리가 작동하도록 하는 개혁들을 끈질기게 추진했다.

그의 정책은 무엇보다 노동관계법에서 빛난다. 그는 당시 경제계의 숙원이었던 정리해고제와 근로자 파견제를 정식으로 도입했다. 사실 이 두 제도는 경제 발전의 핵심적 필요조건이다. 그것은 노사정 합의체를 만들어 노조를 끈질기게 설득했던 결과였다. '국가 경제가 잘 되어야 노동자들도 산다'는 그의 설득은 아마도 그가 진보 대통령이었기 때문에 훨씬 더 설득력이 있었을 것이다.

그는 한국의 금융 시스템을 정비하였고, 그 외에도 국책 사업의 민영화, 국영 기업에 대한 경쟁 촉진, 공기업 혁신 등을 도모했다. 이 중 특기할 사항은 벤처 육성 정책이었다. 2000년에는 '벤처촉진지구'를 도입해 지방에 벤처들을 육성하고 조세 감면, 스톡옵션제 도입, M&A 활성화 정책, 코스닥 활성화 등 다양한 벤처 정책들을 펼쳤다. 지금은 일상화되어 있는 정책이지만, 20년 전에는 무척 낯선 정책들이었다.

이러한 지원의 결과 1998년 말에는 2천여 개 회사에 불과했던 IT 관련 기업의 수가 3년 만에 1만 개를 기록하게 되었고, 초고속 인터넷 가입자 수가 1만 4천 명에서 불과 4년 만에 1,040만 명으로 늘었으며, 정보 산업 분야의 총 생산액도 5년 만에 76조 원에서 189조로 늘었다. 물론 벤처 육성 정책을 추진하는 과정에서 일부 사회적 물의를 일으킨 사례들이 있긴 했지만, 김대중 대통령의 벤처 육성책이 오늘날 한국을 IT 강국으로 만든 기반이 되었던 것은 누구도 부인할 수 없다. 그 덕분에 대한민국은 만기일보다 거의 3년이나 일찍 IMF 대출금을 전액 조기 상환했다.

그뿐만이 아니다. 11%가 넘던 실업률은 5년 만에 거의 반 토막 났고, 근 13%에 달했던 물가 상승률은 그 3분의 1(3.7%)로 내려앉았고, 1만 달러 정도였던 1인당 GDP는 거의 2만 달러 가깝게 올랐고, GDP 성장률은 거의 5배가 뛰었다(1.5%). 한마디로 김대중 대통령은 5년 임기 동안 나라의 경제 구조를 현격하게 건강하게 만드는 데 성공했다고 볼 수 있다.

김대중 대통령이 이런 업적을 이룰 수 있었던 가장 근저에는 취임 일성대로 '시장경제', 즉 '자유와 선택의 원칙'

이 지배하는 경제에 대한 확신이 있었기 때문이다. 그가 당선 일성으로 '시장경제의 창달'을 선언했던 것은 진심이었던 것이다.

중국의 등소평

그러나 이 모든 깨어 있는 진보의 원조는 바로 등소평이다. 세계 경제의 20~30%를 차지하던 중국 경제의 비중이 모택동이 자유를 빼앗음으로써 1970년대에는 2%대까지 추락한 비참한 상황에 있었다. 한마디로 세계 최빈국의 반열로 추락했던 것이다. 등소평은 모택동의 그 무모하고 무식한 결정을 뒤엎고 중국 경제에 다시 시장을 복원했다. 즉, 자유와 선택의 원리를 도입했던 것이다. 이를 통해 중국은 불과 몇십 년 만에 이제 다시 세계 최강 경제 대국의 위상 탈환을 넘보고 있다.

등소평의 위대함은 공산당의 그 막강한 권력을 시장에 양보했다는 점이다. 권좌에 앉아 권력을 휘두르는 그 맛이

보수의 영혼

얼마나 삼삼했을 것인가? 그러나 그가 그것을 포기하고 시장에 양도함으로써 중국은 다시 위대하게 부상하게 된 것이다. 그는 떡은 '명령의 원리'가 아니라 '자유와 선택의 원리'가 작동하는 곳에서만 큰다는 것을 일찍 간파했던 엄청난 통찰력을 가진 지도자였다.

04
깨어 있는 진보만이 불쌍한 사람들을
제대로 구해줄 수 있다

앞서 언급한 여섯 명의 진보 지도자들은 '깨어 있는 진보'들이다. 이들은 '춥고 배고픈 사람'들의 복지를 위해 열심히 뛰고 싶지만, 궁극적으로 사회 전체에 떡을 키우는 것이 그런 사람들에게도 가장 큰 도움이 된다는 사실을 깨달은 사람들이다. 즉, 사회 전체에 떡이 커지지 않을 때 가장 큰 피해자가 바로 그들이라는 것을 깨달은 사람들이다. 부자는 떡이 커지지 않아도 먹을 것이 있지만, 가난한 자는 그것이 없기 때문이다.

그리고 떡을 키우는 데 있어서는 '자유와 선택의 원리', 즉 시장의 원리 이상의 방법이 없다는 것을 실증적으로 보고 배운 사람들이다. 그들은 대처, 레이건, 고이즈미 등 보수 리더들에게서 배우고 또 서로에게 배웠다. 그들은 인간으로 하여금 자신의 욕심을 키울 수 있는 '틀frame'을 만들어줄 때 모두가 열심과 열정을 다해 일하며, 그것이 사회 전체의 떡을 키우고 궁극적으로 모두, 특히 가난한 자들의 행복으로 귀결된다는 것을 깨달은 사람들이다.

그 틀이 바로 '시장'이다. 시장이란 자유가 만발하는 곳이다. 그 자유란 한마디로 '선택할 수 있는 자유'다. 자유는 당연히 '선택하지 않을 수 있는 자유'를 포함한다. 이 '선택할 수 있는 기회'가 인간에게 '자부심'이란 것을 만들어준다. 자부심은 인간이 가질 수 있는 가장 큰 선물이다.

'깨어 있는 진보'에 대비되는 사람들이 바로 '아둔한 진보'다. 이들은 동기 자체는 좋다. 가난하고 불쌍한 사람들을 돕고 싶은 것이다. 그러나 '아둔한 진보'가 공통적으로 갖지 못한 것이 하나 있다. 근본적으로 인간의 본성과 세상이 돌아가는 근본 이치를 제대로 이해하지 못하고 있는 것이다. 무조건 퍼주면 되는 줄 알고 있다. 이들은 대개 자신들이 가난한 사람들을 돕는다는 자기만족에 도취해 있는 경우가 많다. 그 도취 때문에 많은 진보는 과감하고 용감하다. 그리고 자신들의 이 좋은 의도를 돕지 않는 보수들을 흔히 '원망'의 시선으로 본다. 왜냐하면 보수는 얼핏 보면 가난한 사람들에 대해 무심한 '냉혈한'같이 보이기 때문이다. 보수는 냉혈이 아니라 단지 '좀 더 넓게, 그리고 길게' 보고 있을 뿐인데 말이다.

보수의 입장은 모든 분야에서 가능한 한 정부의 역할을 줄이고, '자유와 선택의 원리'가 적용되도록 하자는 것이다. 경제 이외의 분야에서 명령의 원리가 작동하는 것은 필요에 따라 있을 수 있다. 그러나 진보도 경제에서는 다른 원리는 작동하지 않는다는 것을 알아야 한다. 인류가 수백 년 동안 몸으로 체험한 진리이기 때문이다.

세상의 진보에는 여러 가지 부류가 있다. '자유와 선택의 원리'를 깡그리 부인하자는 공산주의자 같은 사람도 있고, 그에 비해 오바마처럼 예를 들어 의료 등의 분야에 대해서는 정부가 훨씬 더 적극적으로 개입해야 한다고 생각하는 진보도 있다. 비경제 분야에서 진보가 어느 정도 개입해야 하느냐에 대한 생각에 따라 진보도 여러 부류로 나닌다.

그러나 경제는 다르다. 경제에 있어 정부의 역할이 커져야, 즉 '명령의 원리'를 많이 작동해야 한다는 생각을 한 지도자는 모조리 실패했다. "나는 가난한 사람들의 편"이라고 외치며 그들을 위해 퍼주는 것은 자기만족에는 좋을 것이다. 그러나 그들은 무엇인가 의미 있는 일을 하는 듯한 도취에 빠져 있는 것뿐이다. 그 도취의 가장 큰 피해자는 그가 애초에 도우려고 의도했던 바로 그 가난하고 불쌍한 사람들이라는 사실을 알아야 한다. 문재인 정부가 반드시 알아야 할 진리이다.

7장

보수와 진보의
국가 운영 방식의 차이

01
자유와 선택의 원칙과
국회의원의 책무

　결국 법, 즉 제도를 만드는 곳은 입법부다. 그렇기 때문에 그 제도가 '자유와 선택의 원리'에 입각한 제도인가, 아니면 '명령'에 입각한 제도인가를 결정하는 가장 중요한 곳이 입법부다. 그런 면에서 국회의원의 책임은 이루 말할 수 없을 정도로 크다. 특히 보수파 의원은 모든 입법 사항들을 '자유와 선택의 원리'라는 이념에 맞는지 검증하고 고민해야 할 책임이 있다. 경제 문제에 있어서는 진보 의원들에게도 똑같이 적용된다. '깨어 있는 진보'가 되고 싶다면······.

지금 우리나라 보수당을 한마디로 표현하라면 '영혼이 없는 정당'이라 할 수 있다. 나는 지난 몇 년간 우리 보수당이 이념의 문제, 즉 '자유', '선택', '자부심' 등의 이념적 단어를 쓰는 것을 단 한 번도 본 적이 없다. 물론 그 면에서는 민주당도 별로 나을 것이 없다. 사실 그것이 우리나라 정치의 가장 큰 특징이다.

그 이유가 무엇일까? 그들이 못나서가 아니다. 그 가장 큰 이유는 그들이 그 문제에 대해 고민할 필요가 없기 때문이다. 당, 즉 '보스'가 시키는 대로 투표하면 되는데, '이념' 따위를 생각할 필요가 무엇이 있는가?

미국 의원들은 그렇지 않다. 그들은 많이 고민한다. 그 이유는 그들에게는 자신이 하는 모든 투표의 이념적 일관성이 매우 중요하기 때문이다. 자칫 정적들의 날카로운 비판의 근거가 되기 때문이고, 그것이 다음 선거에 직접적인 영향을 미칠 수 있기 때문이다.

그렇다면 국회의원은 어떤 기준으로 고민을 해야 하는가? 어떤 법안이든지, 그것이 '자유와 선택의 원리'를 신장하는 것인가, 아니면 저해하는 것인가를 고민해야 한다.

일반적으로, 문제를 '명령의 원리'에 입각해서 해결하는 것은 상대적으로 무척 간단하고 쉬운 일이다. 그러나 '자유와 선택의 원리'에 입각한다는 것, 즉 '시장'을 통해 해결한다는 것은 훨씬 더 많은 고민이 필요하다. 앞에서 이야기한 대로, 진보파인 오바마 대통령이 2008년 적용한 금융위기 해결법은 국가적 난제를 해결하는 데 있어 '자유와 선택의 원리'를 활용한 대표적 사례다. '자유와 선택의 원리'가 제대로 적용되면 그것은 해결 자체도 더 쉬워질 뿐 아니라 궁극적으로 국민에게 선택과 자부심을 주는 방법으로 해결된다는 점을 잊지 말아야 한다. 이 원칙은 법안의 초안을 만드는 모든 행정부 공무원들에게도 꼭 같이 적용된다.

02
사법부를 통해 '자유와 선택의 원리'를
확산시킨 선진국의 예들

국회의원이 법안을 초안하고 심의하는 데 있어 '자유와 선택의 원리'와 관련하여 가장 중요하게 고려해야 할 요소가 하나 있다. 그것은 '사법부'의 역할이다. 그 이유는 한마디로 행정 공무원 대신 사법부의 개입이 늘어날수록 국민의 자유가 커지기 때문이다. 자연히 '자유와 선택의 원리'가 더 살아난다. 반대로, 행정 공무원들이 설칠수록 국민의 자유는 감소된다.

무슨 이야기인가? 다음 예를 보자.

한 도시에 100개의 숙박업소가 있는데, 그중 한 곳에서 벼룩이 많이 나와 투숙객이 상당한 피해를 입었다고 하자. 이런 상황이 발생했을 때 행정부가 설치게 되면 어떻게 될까? 아마도 당장 100개의 숙박업소 전체에 위생검사를 실시할 것이다. 그러면 벼룩이 나오는 몇 개 업소를 잡아낼 수는 있겠지만, 그런 문제가 전혀 없는 나머지 90여 개 업소는 불필요한 수고를 해야 한다. 즉, 아무 잘못이 없는 대다수의 숙박업소가 불필요하게 자유를 훼손당하는 결과가 온 것이다.

그렇다면 '자유와 선택의 원리'를 중시하는 나라는 이 문제를 어떻게 해결할까? 우선 벼룩의 직접적인 피해당사자로 하여금 해당 숙박업소에 대해 소송을 제기하게 한다. 이 소송에 대한 소문이 번지면, 다른 모든 숙박업소도 혹시 자기도 그런 일을 당할까 봐 아마도 스스로 점검하고 소독도 할 가능성이 높다. 소송 결과도 예의 주시할 것이다. 만일 법원에서 해당 숙박업소에 손해배상 판결을 내리고 그 소문이 퍼지면, 예방에 더욱 힘쓸 것이다. 해당 피해자가 보상을 받는 것은 물론이다. 이런 판결이 났을 때, 행정부가 모든 업소에 그 사실을 알려주면 효과는 배가 될 것이다.

중요한 것은 이런 식으로 접근하면 업소들의 사전 예방 노력이 '명령'에 의해서 이루어지는 것이 아니라는 점이다. 모두가 자발적으로, 자신의 '이익'을 위해 하게 되는 것이다. 아마도 더 철저하게 노력할 것이다.

결론적으로, 한 나라에서 사법부가 설치면 그만큼 시민들의 부담이 줄어든다. 자유에 대한 침해가 상대적으로 적기 때문이다. 어떤 면에서 최선의 국가 운용 방법은 행정부 공무원은 가만히 있고, 잘 만들어진 법 체계하에서 시민들과 사법부가 서로 협력하여 문제를 해결하는 것이다. 다른 말로, 정부는 문제를 해결하는 틀만 만들어주고 행정부는 뒤로 물러서 있게 해주는 것이 최선이다. 쉽게 이야기해서 그것은 '쥐를 몽둥이를 휘둘러서가 아니라 고양이를 풀어 잡는 것'이다. 다른 말로 '손 안 대고 코 푸는 것'이다.

'자유'를 중시해야 할 이념적 의무를 지닌 보수파 의원들은 입법 활동을 할 때 항상 이 점을 고려해야 한다. 가능한 한 행정부가 설치지 않고 대신 '사법부'가 설치도록 '제도적 틀'을 만들어주는 것이 최상의 입법 활동임을 인식해

보수의 영혼

야 한다. 선진국에는 이처럼 사법부를 중심으로 문제를 해
결하도록 하는 제도들이 여럿 있다. 그중 가장 대표적인
몇 가지를 소개한다.

집단소송제

기업은 기본적으로 이윤을 추구하는 조직이다. 어느 나
라에서건 기업이 더 많은 돈을 벌기 위해 위법한 일을 저
지르는 경우는 많다. 위법이 발각되면 물론 형사 책임을
져야 하고 감옥에 갈 수도 있다. 그러나 그 위험을 감수하
고서라도 위법을 감행하는 경우가 많은 이유는 첫째, 발각
되지 않을 가능성이 있고, 둘째, 경험상 발각되더라도 로
비 등의 방법으로 공무원들과 '적당히' 해결할 수 있다고
믿기 때문이다.

이들이 '적당히' 해결할 수 있다고 믿는 것은 원초적으
로 공무원들이 바로 기업이 저지른 그 불법 행위의 직접
적인 피해자가 아니기 때문에 가능한 것이다. 그러나 만일

기업이 해결을 시도해야 하는 대상이 그 불법 행위의 직접
적인 피해자라고 한다면 어떻게 될까? 아마 '적당히' 해결
하기가 쉽지 않을 것이다. 제대로 된 보상을 해줘야 할 것
이다. 그러면 그 불법 행위가 별로 이문이 남지 않게 될 가
능성이 높다. 자연히 불법 행위가 줄어들게 될 것이다.

이런 것을 가능케 하는 것이 바로 소위 '집단소송제'다.
이것은 기업으로부터 피해를 입은 다수의 사람들이 큰 수
고를 들이지 않고도 보상을 받을 수 있게 해주는 제도다.
구체적으로 집단소송제가 어떤 것인지, 다음과 같은 상황
을 예로 들어 살펴보자.

- 어떤 제약회사가 새로 개발한 신약을 출시하려고 한
  다. 판매가 시작되면 1년에 약 100만 명에게 팔아 약
  100억 원의 수익을 낼 수 있다는 추정이 나왔다.
- 그러나 출시 과정에서 해당 약에 어떤 결함이 있다는
  것을 발견했다.
- 원칙적으로는 출시를 포기해야 하지만, 돈 욕심이 났
  다. 그래서 계산을 해보았다.
- 이 결함이 발견될 경우 검찰이나 보건복지부에 제대

로 로비를 하면 한 10억 정도의 경비를 쓰면 무마될 수 있을 것 같다는 판단이 나왔다.

- 그리고 약을 복용한 100만 명 중 이 사실을 알고서 소송을 할 사람은 그중 5%, 즉 5천 명 정도가 될 것이라고 예상된다. 1인당 손해배상액이 100만 원 정도면 될 것 같다. 즉, 총 손해배상액은 50억 원 정도로 추산된다.

- 결론적으로, 판매를 강행하면 이익은 100억 원인데 자칫 들킬 경우 지불해야 하는 비용은 60억 원(로비 비용 10억 원 + 손해배상 비용 50억 원)이다. 문제가 불거져도 해결하고 나면 40억 원이 남는다는 계산이 나온다.

- 그러면 이 제약회사는 한 번 해볼 만하다고 생각할 가능성이 상당히 있다. 40억이 어디인가?

- 그러나 만약 이 약을 구입한 100만 명 전원이 회사를 상대로 소송을 한다고 생각하면 이야기는 달라진다. 아무리 이익을 많이 내도 100만 명에게 100만 원 씩 보상해야 한다면 예상 보상액은 총 1조 원이 된다. 도저히 이문이 남지 않는다.

- 결국 이 회사는 결함이 있는 약을 출시할 생각을 아예 포기할 것이다.

위 상황에서의 관건은 바로 100만 명의 피해자가 전부 소송을 하도록 하는 것이다. 보통 상황에서라면 있을 수 없는 일이다. 그러나 집단소송제는 바로 이 100만 명 전체가 강제로 다 소송을 제기하도록 만드는 제도다. 어떻게 그것이 가능할까?

집단소송제는 피해를 입은 소비자들 가운데 한 사람만이 소송을 제기하더라도 같은 피해를 입은 소비자 전원을 원고로 인정해주는 제도다. 즉, 비록 소송을 제기하는 절차와 기타 수고는 실제 피해자 중 일부가 하지만, 법원의 직권으로 나머지 피해자들을 모두 함께 원고로 인정하여 보상받게 해주는 것이다. 보통 일반 소송에서는 원고가 되려면 '나도 원고로 참여하겠다'라는 의사를 명시적으로 밝혀야 하지만, 집단소송에서는 '나는 원고로 참여하지 않겠다'라고 명시적으로 밝히지 않는 한 자동으로 원고가 된다는 것이 가장 큰 차이이다. 한마디로, 집단소송제란 이렇게 자동으로 원고가 된 모든 피해자들이 손 하나 까닥하지 않고 기업으로부터 손해배상을 받을 수 있게 해주는 것이다.

　중요한 것은 이 과정에서 행정부의 역할은 하나도 필요 없다는 사실이다. 오로지 피고인 제약회사와 원고인 피해자 집단, 그리고 법원만 있다. 이 제도의 가장 큰 장점은 행정부가 손 하나 까닥하지 않으면서 기업들로 하여금 나쁜 짓할 생각을 하기 어렵게 만든다는 것이다. 수만, 수십만 피해자 모두가 원고가 되는 소송이 언제든지 개시될 수 있다는 그 엄청난 리스크를 감수할 기업은 많지 않다.

　이 제도의 특징은 누구도 기업에게 이래라저래라 명령하지 않는다는 사실이다. 행정 공무원이 괴롭힐 일도 없다. 따라서 시민의 자유가 제한되는 일도 하나도 없다. 기업이든 소비자든 전부 자신들의 판단에 따라 자유롭게 움직이지만 궁극적으로는 모두에게 가장 큰 선을 가져오게 만드는 제도, 그것이 바로 '자유와 선택의 원리', 즉, 시장의 원리다. 바로 보수의 철학이다.

　이 제도의 원조는 영국으로, 영국에서는 이미 약 400년 전부터 이와 비슷한 소송이 있었다. 그러나 사실상 이 제도가 본격적으로 실행된 곳은 미국이다. 1966년 미국 대법원이 집단소송 관련 제도를 정비하면서 조금씩 활성화

되기 시작했고, 1990년대에 이르러 그 효과가 본격적으로 나타났다. 대표적인 예로 1990년대 여성의 유방 확대 수술에 쓰이는 실리콘 젤이 건강에 해롭다는 사실을 숨겼다는 이유로 다우코닝이라는 회사가 집단소송을 당했다. 수년간의 소송 끝에 다우코닝은 무려 32억 달러를 배상하게 되었다. 이 소송으로 다우코닝은 결국 법정관리에 들어가게 되었다. 이 과정을 지켜본 기업들이 속으로 어떤 생각을 했겠는가? '절대 우리는 저런 나쁜 짓을 하지 말아야겠다'는 생각 아니었을까? 중요한 것은, 바로 이런 제도가 존재함으로써 수많은 기업들이 아예 위법을 저지를 생각을 하지 않게 된다는 사실이다.

그러나 불행히도 우리나라에서는 아직도 증권 관련 집단소송만 허용될 뿐, 다른 분야의 집단소송은 논의만 무성하고 제대로 법제화된 것이 없다. 그나마 허용되는 증권 관련 집단소송도 절차가 너무 까다로워 별로 이용되고 있지 않다. 2005년에 증권 관련 집단소송이 도입된 이래로 이후 8년간 제기된 집단소송 건수는 5건에 그쳤으며, 그중 현재까지 피해 보상을 받은 경우는 단 한 건뿐이다.

적대적 M&A

　정부의 가장 큰 사명 중의 하나는 국민을 최대한 부자로 만들어주는 것이다. 거기에는 여러 가지 방법이 있다. 최저임금을 올려서 강제로 근로자의 주머니에 더 많은 돈이 들어가게 할 수도 있다. 그러나 그런 방법에는 우리가 지금 보듯이 한계와 대단한 리스크가 있다.

　국민을 부자로 만들어주는 가장 좋은 방법은 기업들이 돈을 잘 버는 것이다. 기업이 돈을 잘 벌면 우선 세금을 많이 낸다. 이것을 가지고 정부가 가난한 사람들에게 많은 도움을 줄 수 있다. 또 많은 일자리가 생긴다. 투자가 일어나기 때문이다. 그러나 정부가 직접 나서서 대기업들에게 돈 잘 벌라고 닦달하는 것도 우습다. '자유'에 위배된다. 도리어 기업의 사기를 꺾을 뿐이다.

　그렇다면 어떻게 할 수 있을까? 우선, 기업이 돈을 잘 번다, 못 번다는 어떻게 판단해야 하나? 그것은 기업들이 저마다 가진 잠재력을 기준으로 판단해야 한다. 1년에 100억 원을 버는 기업에게 무조건 150억 원을 벌라고 할 수는 없다. 다만 150억 원의 잠재력을 가진 기업인데 지금 100억 원밖에 못 벌고 있다면, 잠재력을 최대치로 발휘하도록 닦달을 할 필요가 있을 것이다.

그 닦달을 어떻게 할 것인가? 정부가 나서서 이래라저래라 한다고 될 수 있는 일이 아니다. 이 딜레마를 해결하기 위해 나온 제도가 바로 '적대적 M&A'다. 한마디로, 메기를 풀어서 붕어를 강건하게 만드는 수법이다. 즉, 돈을 제대로 못 벌면 기업을 뺏길 수도 있다는 가능성을 만들어주는 것이다.

'적대적 M&A'란 자신이 가진 잠재력을 제대로 발휘하지 못하고 있는 상장기업을 외부의 제3자가 강제로 인수할 수 있도록 하는 제도다. 물론 현 대주주가 팔고 싶어 하면 '적대적' M&A가 될 필요 없다. 사이좋게, 즉 '우호적' M&A를 하면 된다. 그러나 그가 팔고 싶어 하지 않을 때는 강제로 살 수 있도록 해주는 것이 바로 적대적 M&A다.

'기업을 산다'는 말은 그 기업의 주식을 산다는 뜻이다. 즉, 증권 시장에서 해당 기업의 주식에 대해 공개 매집을 하는 것이다. 예를 들어 현재 1년에 100억 원의 이익을 내는 A라는 기업이 있는데, 이 회사의 주식이 현재 주당 1만

원에 거래되고 있다고 하자. 그런데 밖에서 누군가가 전문적인 분석을 해보니 이 기업은 잘 하면 1년에 150억 원은 충분히 벌 수 있는데 경영 부실로 100억 원밖에 못 벌고 있다는 판단이 나왔다고 하자. 그리고 만일 150억 원을 벌면 주식 가격은 쉽게 15,000원 정도로 오를 것 같다고 하자.

그런 판단이 나오면 공격자가 나설 수 있다. 그가 현재 10,000원인 이 주식을 13,000원에 사겠다고 주식 시장에서 공개적으로 제의를 하는 것이다. 13,000원에 사서 이익 규모를 150억 원으로 올리면 15,000원 정도로 팔 수 있을 것이기 때문이다. 만일 주식을 팔겠다고 하는 기타 주주들이 충분히 나와서 그 공격자가 주식의 과반을 확보하게 되면 그는 몇 년 만에 큰돈을 벌 수 있게 되는 것이다.

이 적대적 M&A는 1980년대 미국에서 엄청나게 성행했다. 이것은 말 그대로 하나의 전쟁이다. 경영권을 뺏으려는 공격자와 지키려는 수비자 간에 사활을 건 전쟁이 벌어지는 것이다. 그래서 적대적 M&A는 실제로 성공 확률이 그리 높지 않다. 왜냐하면 방어하는 쪽에도 여러 가지 전략과 수단이 있기 때문이다. 예를 들어 소위 '백기사', 즉 우호적인 제3의 투자자를 찾아서 그로 하여금 주식을 매집하게 한다든지, 또는 정관에 독소 조항을 집어넣는 등의 안전장치를 미리 해둔다든지 하는 전략이다. (독소 조항이란 것은 적대적 M&A 시도가 성공하는 시점이 되면 현 경영진에게 추가적으로 신주가 발행되도록 함으로써 공격자가 과반을 가지는 것을 더 어렵게 만들거나, 아니면 그 시점에 공격자에게 현 경영진의 주식을 엄청나게 비싼 가격으로 사게 하는 등의 장치를 말한다.)

이런 안전장치들에도 불구하고 여전히 적대적 M&A가 성공할 가능성은 상존한다. 그러나 여기서도 마찬가지로 중요한 것은 실제 적대적 M&A의 성공 확률이 얼마나 되는가가 아니다. 바로 그것이 성공할 가능성이 존재한다는 그 자체다.

오너 CEO들 중에는 기업이 잘 성장하다가 어느 수준에 도달하면 그 포근함 속에 안주하려고 하는 사람들이 있다. 사실 그의 입장에서 보면 해당 기업은 자기 것이니 회사가 성장하든 정체되든 다른 사람이 상관할 바가 아닐 수 있다. 그러나 그 기업이 갖고 있는 잠재력을 제대로 발휘하지 못한다는 것은 국가적으로도 손해다. 선진국에는 이런 기업들을 귀신같이 찾아서 M&A에 관심이 있는 사람들에게 알려주는 전문가들이 많이 있다. 그래서 적대적 M&A는 하시라도 일어날 수 있는 일이다. 한마디로, 현재의 대주주 경영자들을 정신 차리게 만들어주는 것이 바로 적대적 M&A인 것이다.

그래서 잉어가 가득한 연못에 메기를 몇 마리 집어넣는 것이라 한다. 그러면 잉어들은 잡아먹히지 않으려고 쉼 없이 헤엄치는 과정에서 더욱 건강해진다는 논리다. 연못 속의 잉어같이 모든 기업들이 더 열심히 노력하면 그것은 곧 국가에 큰 이익이 되는 것이다. 이 프로세스의 마력은 그 어느 누구도, 어떤 공무원도 누구에게도 명령하지 않는다는 사실이다. 동대문 시장에서 아무도 명령하지 않듯이 여기서도 누구도 명령하지 않는다. 시장이 작동하고 있을 뿐이다. 그런데 모두의 떡이 크는 것이다.

미국은 1980년대에 적대적 M&A 제도를 외국 기업, 국내 기업을 가리지 않고 완전 개방함으로써 미국 기업계를 엄청나게 건강하게 만들었다. 1980년대에 비하면 요즘은 실제로 적대적 M&A가 일어나는 경우는 크게 줄었다. 여러 가지 방어장치도 많이 개발되었지만, 무엇보다 모든 대

기업들이 그 가능성에 대비하여 허점을 보이지 않으려고 대단한 노력을 하기 때문이다.

바로 이것이 '자유와 선택의 원리', 즉 시장의 원리다. 누구도 누구에게도 명령하지 않는데 공공의 선이 일어나는 것이다. 우리나라는 아직 적대적 M&A가 일어난 예가 한 번도 없다. 관련 법규도 정비되어 있지 않을뿐더러, 우리 국민의 정서상 남의 기업을 뺏는 듯한 모습이 국민의 호응을 받기 어렵기 때문이다. 그러나 그것의 장점을 제대로 이해하면 언젠가는 활성화될 가능성도 있다고 본다.

이런 식으로 아무도 누구에게도 이래라저래라 명령하지 않는데 공동의 선이 이루어지는 곳, 그것이 바로 보수가 지향하는 세상이다.

대체고용권

대체고용권에 대해서는 앞에서 충분히 설명했다. 다시 정리해보자.

보수의 영혼

파업은 언제 일어나나? 노동을 파는 사람(노동자)과 사는 사람(기업) 간에 노동의 값에 대한 합의가 이루어지지 않을 때 일어난다. 그런데 외부에서 노조가 제시하는 가격보다 싼 값에 자신의 노동을 팔겠다고 하는 사람들이 있고 만일 회사로 하여금 외부의 그 노동을 살 수 있게 해준다면, 노조는 쉽게 파업을 일으키지 못할 것이다. 왜냐하면 그럴 경우 파업이 무한정 계속될 수 있어 노조에게 너무 부담이 되기 때문이다. 그래서 노조도 파업까지 가지 않고 적당한 선에서 합의할 가능성이 무척 높아진다. 즉, 노사 평화가 오는 것이다. 한마디로, 정부의 개입 없이 노사 평화를 이루는 마법 같은 제도다.

전 세계 모든 나라에서 이 대체고용권을 실행하고 있는 이유는 바로 그 때문이다. 대한민국과 아프리카의 최빈국인 말라위만이 유일한 예외다.

03
집단소송제, 적대적 M&A,
대체고용권의 공통점

앞서 살펴본 세 가지 제도, 즉 집단소송제, 적대적 M&A, 대체고용권의 공통점이 있다. 각 제도가 다 엄청나게 중요한 일을 하지만 어디에도 행정부가 개입할 필요가 거의 없다는 것이다. 즉, '명령'이 없다는 것이다. 모두가 다 시민들이 사법부의 도움을 받아 자체적으로 해결할 수 있는 제도들이다. 그 누구도 누구의 간섭도 받지 않고 법에 정해진 절차에 따라 나름대로 열심히 추진해나가다가 문제가 생기면 사법부의 판단을 받으면 된다. 바로 자유가

보수의 영혼

넘치는 곳을 만드는 것이다.

　일반적으로 사업부는 행정부보다 훨씬 더 공정하며, 또 사법부의 판단은 훨씬 더 예측 가능성이 있다. 무엇보다 사법 절차는 행정부 관리에 비해 개인적 접근이 별로 필요가 없다. 정정당당하게 법의 이론을 근거로 주장할 수 있고, 또 3심제이기 때문에 설혹 부당한 결과가 나오더라도 제2, 제3의 기회를 노릴 수 있다.

　이렇게 행정부보다 사법부가 더 설치는 나라가 사실 보수가 지향하는 나라다.

보수의 숙명적 리스크,
자유의 남용이 초래할 수 있는 대재난

'법과 질서'를 철저히 지켜
'자유'가 낳을 수 있는 내재적 리스크 예방해야

보수는 '자유'를 중시한다. 그런데 자유를 중시하는 집
단이 치러야 하는 대가가 있다. 그것은 그 자유를 악용하
는 사람들이 생길 가능성이 상존한다는 사실이다. 그 가능
성이 진보가 집권했을 때보다 훨씬 더 높다는 것이다. 한

마디로, 자유는 방종으로 흐르기 쉬운 것이다.

다음으로 그 예를 몇 가지 소개한다.

증권 시장의 사기 노름이 주요 원인이었던
1929년 세계 대공황

이 거대한 공황이 왜 왔을까? 1929년의 미국의 상황은 일반적으로 생각하는 경제 대공황이 올 상황이 결코 아니었다.

그 당시는 미국식 자본주의, 즉 시장경제가 최고조에 달해 모든 사람들이 장밋빛 미래를 꿈꾸고 있을 때였다. 대공황이 발발하기 전 10년간 미국의 경제는 '인류 역사상 최대, 최고의 호황'이라는 말이 하나도 어색하지 않을 정도로 대단했었다. 경제성장률, 주식 시장 등 모든 것은 더 이상 바랄 것이 없는 상황이었다. 주식을 가지고 있던 사람들은 매일같이 오르는 주식 가격을 보면서 미래에 대한 달콤한 꿈에 젖어 있을 때였다.

그렇게 모두가 달콤한 희망에 젖어 있던 1929년 10월 29일, 어느 날 갑자기 주식 시장의 대폭락이 몰아닥쳤다. 이것이 전 세계를 사상 최악의 불황의 쓰나미 속으로 몰아넣은 대공황의 시작이었다. 도대체 어떤 일이 벌어진 것인가? 그렇게 잘나가던 미국 경제가 어떻게 하루아침에 처참한 나락의 길로 빠져버렸을까?

미국 대공황의 원인은 크게 두 가지였다. 둘 다 경제의 펀더멘털의 문제가 아니라 제도의 문제였다.

첫 번째 원인은 돈이 부족했었다. 즉, 통화량이 부족한 것이었다. 경제가 발전하여 규모가 커지면 그만큼 화폐도 더 많이 공급되어야 한다. 그런데 당시 '금본위제'를 유지하고 있던 미국은 금이 확보되는 양 이상의 화폐를 발행할 수 없었다. 계속되는 활황으로 경제 규모는 엄청나게 커졌는데 화폐가 그만큼 공급이 되지 않으니, 그 압박을 견디지 못하고 경제가 폭발해버린 것이었다. 이 화폐 부족의 가장 큰 피해자는 은행들이었다. 수천, 수만 개의 은행들이 파산을 했다. 대공황이 절정일 때는 한 달에 3,000개의 은행이 파산하기도 했다.

두 번째 원인은 바로 미국 증권 시장의 도덕적 해이였

다. 앞서 시장의 원리가 제대로 작동하기 위해서는 규칙이 있어야 하고, 그 규칙은 반드시 지켜져야 한다고 했다. 아무리 '선착순'이라는 규칙이 작동하는 시장을 만들어놓아도 몇 사람이 새치기를 하기 시작하고 그것이 응징되지 않으면 시장은 곧 무너지게 된다. 항상 규칙이 생기면 사람들은 그 규칙을 지키는 것이 이익이 되는가를 주시한다. 만약 새치기하는 사람, 불법 추월하는 사람들이 즉각즉각 징계되지 않으면 이들은 곧 반칙이 더 이익이 된다는 것을 알게 된다. 따라서 시장의 원리가 제대로 작동하기 위해서는 이 반칙자들을 제때에 솎아내는 작업이 필수적이다. 이 작업이 바로 정부의 몫이다.

미국의 대공황은 바로 정부가 이 역할, 즉 반칙자들을 제대로 솎아내지 못한 것이 적어도 50%의 원인이었다. 한마디로 1920년대 미국의 증권 시장은 심하게 부패해 있었다.

소위 요즘 말하는 분식회계와 내부자 거래 등이 횡횡하면서 부당한 방법으로 돈을 버는 사람이 사람들이 너무 많았다. 수많은 상장 기업들이 거짓 장부를 만들고, 거짓 소문을 퍼뜨리고 그것으로 돈을 벌었다. 이 속임으로 주가가 오르는 게임이 수년간 계속되다가 어느 순간에 사람들이 '임금님이 발가벗었다'는 사실을 모두가 알게 된 것이었다. 그러면서 주가가 거대한 폭락을 하게 되었고, 그 후 3년간 주식 가격은 속락하였다.

이 대공황의 경험은 미국 사람들로 하여금 시장에서 나쁜 짓하는 사람을 솎아내는 것이 얼마나 중요한 일인가를 절감케 하였다. 이 대공황의 혼돈이 극에 달했을 때 대통령에 당선된 루즈벨트의 민주당 정부는 가장 먼저 이 반칙자들을 제지할 수 있는 규칙을 만들고 그것이 엄수되도록 하는 일에 엄청난 에너지를 쏟았다.

1932년의 증권거래법, 1933년의 증권거래법 등을 통해 소위 증권 시장에서 장난치는 사람들을 제대로 잡아낼 수 있는 온갖 제도들을 만들고, 이를 어기는 자들에게는 철저하게 그 대가를 치르게 했다. 예를 들어 누구든지 공중에게 공표되지 않은 정보를 이용해 주식 거래를 하면(내부자거래), 용서 없이 처벌을 받게 했다. 그 엄벌주의는 지금도 미국에 추상같이 살아 있다.

1970년대에 주간지 〈비즈니스위크〉를 제작하는 인쇄소 직공이 인쇄하기 위해 들어온 기사 원고를 보고 팁을

보수의 영혼

얻어 미리 주식을 사서 돈을 좀 벌었다. 이것을 발견한 당국은 이 인쇄공을 기소하였고, 결국 그는 형사처벌을 받게 되었다. 그만큼 철저하게 반칙자들을 잡아내는 곳이 미국이다.

이러한 제도와 철저한 징벌을 통해서 미국은 증권 시장에 다시 신뢰와 시장의 기능이 복원되도록 했고, 이러한 노력은 대공황 이후 지금까지도 줄기차게 계속되고 있다. 그 덕분에 미국의 증권 시장은 세계에서 가장 투명하고 질서 있는 시장의 위치를 가지게 되었고, 그것이 전 세계의 돈을 미국으로 몰리게 해왔다. 미국이 매년 몇천억 달러씩 되는 무역적자를 기록하면서도 무너지지 않고 굳건히 버티고 있는 이유 중의 하나가 바로 이 해외로부터 들어오는 돈이 큰 역할을 했다. 그것은 범법자들을 솎아내려는 미국 정부의 집요한 노력 덕분이다.

그럼에도 사건은 계속 벌어지고 있다. 대표적인 예가 2001년 미국에 큰 충격을 안겨준 '엔론 사태'였다. 한때 미국의 7대 대기업에 손꼽힐 정도로 승승장구하던 에너지 기업 엔론이 사실은 분식회계 등으로 주가를 조작해온 정황이 드러나며, 엔론의 주가는 폭락하고 기업은 130억 달러라는 당시 사상 최고의 부채를 남기고 파산하고 만다. 이때 역시 미국은 엔론의 케네스 레이 회장과 최고경영자였던 제프리 스킬링에게 각각 징역 24년 4개월, 24년형이라는 중형을 내리는 등 확실한 죗값을 받도록 했다. 경제범죄로는 대단한 징벌이다. 이것으로 미국은 자칫 무너질 수 있었던 경제 금융 질서를 다시금 바로잡는 계기를 마련했고, 그 결과 세계에서 가장 투명한 시장으로서 미국 증권 시장의 위치는 아직도 변하지 않고 있다.

그러나 미국 정부의 이러한 집중적인 노력에도 불구하고 미국은 2008년에 다시 금융위기를 맞이했다. 그것은 1929년 대공황, 혹은 엔론 사태 같은 직접적인 범죄 행위의 결과는 아니었다. 그러나 자유를 과도하게 확장한 일종의 '방종'의 결과였다.

보수는 자유를 확대하기 위해 규제는 최소화해야 한다. 그러나 그것이 위법이나 방종으로 흐르지 않도록 그 최소한의 규칙은 철저히 지켜지도록 해야 한다. 즉, 보수는 항상 법과 질서를 유지하는 데 높은 우선순위를 둬야 한다.

보수의 영혼

불공정 경쟁 요소 제거

〜〜〜〜〜〜〜〜〜〜〜〜〜〜〜〜〜〜〜〜〜〜〜〜〜〜〜〜〜〜〜〜

'자유'가 그토록 은혜로운 것은 바로 그것이 낳는 '경쟁' 때문이다. 경쟁은 자본주의의 핵심이다. 그런데 이 경쟁을 가장 손쉽게 무너뜨리는 것이 바로 '독점'과 '불공정 거래 행위'다. 정부는 자유를 보호하기 위해서는 어떤 대가를 치르더라도 반드시 이 두 가지 현상이 나타나는 것을 막아야 한다.

참고로, 미국이 제대로 작동하는 자본주의를 만들기 위해 역사적으로 얼마나 과감한 조치를 취했는가를 하나만 소개하겠다. 20세기 초 미국 대법원은 독점 기업이었던 스탠더드오일Standard Oil을 무려 30개 회사로 분할할 것을 명령했고, 1911년 스탠더드오일 산하 33개가량의 주요 회사를 아예 해체시켜버렸다. 연이어 미국 내 담배 시장의 95%를 독점했던 아메리칸토바코American Tobacco도 16개 회사로 분리시켰다. 이러한 조치들을 가능하게 했던 법의 원조인 셔먼법Sherman Act은 '경쟁의 마그나카르타(대헌장)'로 불린다.

자본주의는 넓고 넓은 바다가 아니라 거대한 저수지이다. 저수지의 물은 끊임없이 정화해주어야 한다. 그러지 않으면 머지않아 아무도 먹지 못하는 물로 썩어버린다.

그런 면에서 시장의 원리, 즉 자유와 선택의 원리를 가동시키기 위한 가장 큰 전제조건은 '자유와 선택의 원리'에 입각한 법이 제대로 만들어지고, 또 이에 기반하여 '법과 질서'가 제대로 지켜지는 것이다. 그런 면에서 언뜻 보면 시장은 모순적이다. 한편으로는 정부의 기능을 최대한 줄여서 자유가 만연하도록 하지만, 다른 한편으로는 법과 질서를 지키기 위한 정부의 기능은 강화해야 한다는 점에서 그렇다.

보수의 숙명은 때로 전체를 보호하기 위해 용감하게 부분을 희생시켜야 한다는 것이다. 보수의 요람인 시장은 그러한 보수의 기율과 결단 위에서만 번영할 수 있다.

8장

이 땅의
보수의 사명

01
보수의
자부심과 사명

　이 땅의 보수는 여러 가지 오해를 받고 있다. 보수는 '수구'이며, '잔인'하며, '독재'를 옹호하는 사람들이라는 등의 오해들이다. 그러나 보수는 절대 '수구'가 아니며, 잔인하지도 않고, 독재를 옹호하는 집단도 아니다. 아니, 도리어 인류에게 가장 소중하고 필요한 몇 가지 가치를 지키고 창달하고자 노력하는 집단이다.

　보수의 가치는 인류가 살면서 얻게 되었던 다음 두 가지 큰 통찰에서 나온 것이다.

1. 인간성의 본질에 대한 통찰
2. 역사로부터 파악된, 국민을 행복하게 만들어주는 조건에 대한 통찰

인간성의 본질에 대한 통찰

인간의 가장 중요한 욕구는 무엇인가? 그것은 '행복'해지는 것이다. 그렇다면 무엇이 인간을 영속적으로 '행복'하게 만들어줄까?

그 조건은 무엇인가? 한마디로, 자유로울 때이다. 이 세상의 다른 모든 것을 다 가져도 자유가 없을 때는 별 의미가 없다. 자기가 원하는 것을 할 수 있을 때, 자기가 원하는 꿈을 추구하고, 자기가 베풀고 싶은 자에게 베풀 수 있을 때 인간은 행복한 것이다. '자유'는 인간을 '주인'으로 만들어준다.

인간은 또 언제 행복한가? 가장 중요하게, 다양한 '선택'을 누릴 때이다. 한마디로 '골라잡을 것'이 많을 때이다.

선택은 언제 오는가? 모두에게 '자유'를 주면, 그것은 모두에게 선택으로 나타난다. 모두가 똑같은 것을 해야 하는 군대에서는 선택이 많을 수 없다. 그러나 동대문 시장에서는 선택이 많다. 거기에는 자유가 있기 때문이다.

이렇게 사람에게 '자유'와 '선택'이 주어지면 자연스럽게 따라오는 것이 하나 있다. 바로 '자부심'이라는 것이다. '자부심'이란 뿌듯한 '자존감'이다. 자유가 없는 사람에게는 자부심이 생길 수 없다. 또 선택할 것이 없는 사람에게도 자부심이 생길 수 없다. 그러나 '자유'와 '선택'을 누리는 사람에게는 필연적으로 '자부심'이 생긴다.

이렇게 볼 때, 가장 좋은 세상은 모든 시민이 첫째, 자유롭고, 둘째, 선택할 것이 많고, 셋째, 그를 통해 자부심을 느끼며 사는 세상이다.

보수주의자는 그런 세상을 만들고 또 그런 세상에 살고 싶어 하는 사람이다. 그렇기 때문에 보수는 자신이 보수이라는 데 대해 자부심을 가져야 한다.

역사가 가르쳐준 행복의 조건

80만 년 인류 역사에서 100년이라는 것은 참 짧은 세월이다. 그런데 이 짧은 기간 동안 지구촌에는 참 많은 일들이 일어났다. 이 시대는 인류가 경험한 모든 역사 중 가장 잔인하면서도 가장 역동적이며 또 변화무쌍한 시기였다. 동시에 인류 역사상 가장 많은 의미 있는 발전을 이룬 시기이기도 했다. 한마디로, 인류의 능력은 건방지게도 거의 '신과 경쟁' 수준에 돌입하고 있다.

10~20년 후에는 인공지능의 IQ가 1만에 달할 것이라고 한다. 일본 소프트뱅크의 손정의 회장이 하고 다니는 이야기다. 인간 IQ의 거의 100배가 된다는 이야기다. 그런 인공지능이 로봇의 머리에 장착되어 인간을 돕고 또 인간과 경쟁하는 세상이 온다는 것이다. 그쯤 되면 신과 한 번 제대로 경쟁해봄 직도 하지 않을까?

인간이 이 경지까지 도달한 것은 한마디로, 인류가 지난 몇백 년, 특히 지난 한 100년의 역사에서 너무나 많은 것을 배웠고, 깨달았고 또 그 깨달음을 활용했기 때문이다. 한마디로 이 기간 동안 인류는 엄청난 고난을 겪으면서 다른 한편으로 너무나 많은 교훈을 얻었고, 그러면서 엄청나게 발전했다.

도대체 지난 100여 년의 동안 인류에게는 어떤 일들이 일어났는가?

• 18~19세기: 인류 역사상 최초로 '자유'를 제도화하는 인위적 실험이 성공하였다.

바로 미국에서 '자유와 선택의 원리'에 입각한 정치 체제, 즉 '민주주의'라는 정치 체제가 사상 최초로 성공적으로 정착했다. 이것의 특징은 이 체제가 오랜 세월을 거치는 자연 발생적인 결과가 아니라 아예 처음부터 국민이 그 모델을 기획하고 추진해서 성공했다는 것이다.

물론 민주주의는 영국에서 먼저 정착된 것이긴 했지만, 그것은 성문 헌법에 의한 민주주의가 아니었다. 13세기부터 시작된 민주화가 관습법에 의해 조금씩 발전해서 민주주의를 만들어낸 것이 영국의 모델이었다.

그러나 미국의 민주주의는 '시민의 기획'에 의한 것이었다. 식민지 사람들이 전쟁으로 독립을 쟁취하고는 의도적,

계획적으로 헌법이라는 것을 통해 민주주의라는 것을 만들어냈다. 즉, 3권 분립이라는 체제를 만들어 제도적으로 인간에게 '자유'를 보장할 수 있음을 전 세계에 보여주었다. 미국의 이 성공적인 정치 실험은 전 인류에게 거대한 새 희망을 주었다.

• 1867~1894년: 인류 공동체의 삶의 방식을 근본적으로 바꾸자는 사상 초유의 거대한 제안을 담은 『자본론』이 영국에서 발간되었다.

바로 '칼 마르크스Karl Heinrich Marx'라는 독일 출신의 괴짜 학자가 쓴 이 책은 영국에서 일어난 1차 산업혁명이 낳은 거대한 모순을 지적하며 인류 공동체가 사는 방식을 전면적으로 바꾸자는 혁명적 제안을 담은 것이었다.

이 책은 마르크스 나름대로의 독특한 세계관과 역사관을 바탕으로 산업혁명이 낳은 이 거대한 모순, 즉 산업화의 그늘에서 엄청난 고난을 겪고 있던 노동자들의 고통을 만천하에 고발하면서 '공산주의'라 불리는 새로운 정치 체제를 제시했다. '자유'가 아니라 '명령의 원리'에 의해 움직이는 경제, 그것을 가능하게 하는 프롤레타리아 독재 체제

보수의 영혼

를 제안했다. 한마디로, 진보의 이념이 본격적으로 세상에 그 모습을 드러낸 것이었다.

- 1914~1918년: 아무도 예상치 못한 때에 상상도 못했던 거대한 참사, 1차 세계대전이 발발했다.

24개 나라가 참전하여 불과 5년 만에 무려 3,000만 명의 인명이 희생된 어마어마한 대재난이었다. 산업화에 성공한 강국들 간 경쟁이 치열해지면서 힘이 필요했던 이들 나라들은 각종 동맹으로 합종연횡을 시도했고, 그로 인해 일단 한곳에서 전쟁이 터지자 그것이 속수무책으로 전 세계로 확산되었다.

- 1917년: 인류 최초의 공산국가 소련이 탄생했다.

칼 마르크스가 주창한 공산주의가 그 첫 열매를 러시아에서 맺게 되었다. 이로서 공산주의는 단순한 기발한 경제학자가 주장하는 정경 이론에서 실제 거대한 힘을 가진 살아 있는 이념으로 비상하게 되었다. 이로서 역사상 처음으로 두 개의 전혀 다른 경제, 정치 모델이 존재하게 되었다. 이 '자유와 선택의 원리'에 기반하는 자본주의 경제 체제

에 대비되는 '명령 기반' 경제 모델이 공존하게 된 것이
었다.

• 1929년: 미국에서 대공황이 발발하였다.

사상 최고의 호황으로 들썩이던 세계 최강의 경제, 미
국에 갑자기 사상 최대의 경제 참사, 즉 대공황이 발발했
다. 한 달에 은행 3,000개가 파산하는 대형 참사들로 점철
된 이 거대한 위기는 자본주의 전체가 붕괴되는 듯한 위기
감을 준 사건이었다.

이 거대한 재난은 전 세계로 확산되었다. 이는 '자유'를
기반으로 한 자본주의 경제 모델에 대한 근본적인 회의를
유발하기도 했으나 정부의 적극적인 개입으로 10여 년 만
에 위기가 극복되면서 미국 경제는 다시 세계 최강의 지
위를 되찾게 되고, 자본주의 경제에 대한 신뢰도 회복되게
되었다. 그 원인이 규명되면서 경제학에 새로운 지평이 열
리게 되었다.

• 1939~1945년: 2차 세계대전이 발발하였다.

전 세계가 경제 대공황의 고통 속에서 신음하던 1930년

대, 독일, 이탈리아와 일본에서 소위 전체주의 정권(경제적 자유는 주되 정치적 자유는 박탈하는 독재 국가)이 득세하게 되었고, 이들의 침략적 경향은 결국 2차 세계대전이라는 대참사를 유발하였다. 무려 5,000만 명이 희생된 역사상 최대, 최악의 전쟁이었다.

미국을 중심으로 한 민주주의 국가들의 사력을 다한 응전은 인류 최초로 원자폭탄을 사용하는 우여곡절 끝에 전체주의를 패배시키는 데 성공하게 되었고, 이로써 지구촌에 민주주의가 확산되는 획기적인 계기가 마련되었다.

• 1945년: UN(국제연합)이라는 인류 초유의 세계 평화 기구가 탄생하였다.

2차 세계대전은 600만 유태인의 학살을 포함하여 인류가 얼마나 잔인하고 사악한 존재가 될 수 있는가를 보여주는 엄청난 사건이었으며, 동시에 다시는 이런 전쟁이 있어서는 안 되겠다는 각오를 인류에게 심어주는 계기를 만든 사건이었다. 이 각오가 사상 처음으로 인류 공동체 전체를 아우르는 세계 평화 기구를 탄생시켰다.

UN은 무력을 행사하는 권능을 가진 최초의 세계 기구

로서 세계 거의 모든 나라 수반들이 매년 머리를 맞대고 세계 평화를 유지하기 위한 다양한 방법을 의논하는 지구 공동체의 센터로서 자리 잡게 되었다.

- 1949년: 소련이 핵 개발에 성공함으로써 역사상 최초로 초강대국 간의 차가운 전쟁, 즉 '냉전'이 시작되었다.

체제와 이념이 완전히 다른 두 슈퍼 파워는 두 블록으로 나뉘어 무려 40년간 지구촌의 헤게모니 쟁탈전을 벌였다. 인류 역사상 최초로 지구촌 전체를 한 방에 몰살시킬 수 있는 무력을 보유한 두 개의 슈퍼 파워 간의 소리 없는 전쟁이었고 또 경쟁이었다. 대한민국은 그 가장 큰 희생자 중의 하나였다.

- 1979년: 중국 경제가 자본주의 체제로 극적인 전환을 이루며 또 하나의 경제 초강대국의 출현을 예고하였다.

2차 대전 후 중국을 장악한 모택동의 공산당 정권은 소련식의 '명령 기반 경제'로 중국을 통치하면서 몇천 년 동안 세계 GDP의 20~30%를 차지하던 거대 경제를 2% 이하의 세계 최빈국 경제로 전락시켜버렸다. 모택동의 뒤를 이은 등소평은 1979년 '중국 특색 공산주의'라는 변형된 이데올로기하에 중국 경제를 '시장경제 체제'로 극적으로 전환시켰다. 이를 계기로 중국은 다시 세계 최강의 경제 대국의 하나로 발전하는 극적인 전기를 마련했다.

• 1989년: 소련이 붕괴되었다.

미국과 40여 년간 냉전을 벌여오던 공산주의 종주국 소련이 건국 72년 만에 붕괴되고 소비에트연방은 해체되었으며, '러시아'라는 옛 이름을 되찾은 새로운 나라가 탄생하였다. '명령의 원리'에 기반한 경제가 '자유와 선택의 원리'에 입각한 경제에 대항할 수 없음을 세계만방에 가장 웅변적으로 보여준 사건이었다.

이로써 냉전이 종식되고, 미국을 중심으로 한 새로운 세계 질서가 형성되기 시작하였다.

• 세계화와 민주주의가 확산되었다.

소련의 붕괴로 '자유와 선택의 원리'는 세계 대부분의 국가가 공감하는 경제 원칙이 되었고, 이 공감을 중심으로 세계가 하나가 되는 '세계화' 과정이 급속도로 진전되었다.

- 세계화 과정을 뒷받침하는 이념으로 전 세계에 '신자유주의'의 물결이 범람하게 되었다.

이 물결과 함께 1987년 한국에서 시작된 민주주의를 향한 시민운동은 약 20년 동안 세계적으로 민주주의 운동의 도미노를 불러일으켰다. 필리핀의 민주화 운동에 이어 2010년을 전후하여 '아랍의 봄'이라 불리는 혁명적 민주화 운동이 튀니지, 알제리, 요르단, 이집트, 예멘 등으로 연속적으로 확산되었다.

- 2008년 금융위기 발발: 신자유주의가 내포하고 있는 리스크를 깨닫게 해주었다.

금융 분야의 과도한 자유가 낳을 수 있는 폐해를 절감케 해주면서 '신자유주의'의 내재적 리스크를 제기했다.

- 핵무기의 대량 확산으로 인해 지구촌에 인류 역사상 처음으로 강대국 간의 '대 전쟁 불가' 구조가 구축되었다.

이제 강대국들은 싫든 좋든 하나가 되어 발전을 도모할 수밖에 없음을 깨닫게 되었고, 세계는 바야흐로 전대미문

보수의 영혼

의 '지구 공동체 사회'로 변신하고 있다.

트럼프 미국 대통령이 자국 이기주의에 몰두함으로써 야기된 어수선한 분위기 속에서 그래도 세계는 미래를 향해 전진하고 있다. 지난 100년간의 그 참혹한 역사가 가르쳐준 교훈들을 바탕으로⋯⋯.

지난 100여 년 인류가 얻은 교훈

지난 100여 년은 참으로 강도와 밀도가 넘치는 처절한 시대였다. 이 정도면 그 이전 인류 80만 년 역사 전체를 합친 것보다 강도와 밀도 면에서 더 크고 깊었다고 해도 크게 과언이 아닐 것이다. 그만큼 인류의 고생도 심했다.

이 험난한 과정을 거치면서 인류는 몇 가지 참으로 중요한 교훈을 얻었다.

첫째, 정치적 '자유', 즉 민주주의의 소중함을 뼈저리게 깨닫게 되었다. 특히 2차 대전 시 유럽의 나치, 파시스트

및 일본 천황 체제가 저지른 그 거대한 만행들을 보면서 독재가 얼마나 무서운 것인가를 깊이 깨닫게 된 것이다. 이제 민주주의는 그 누구도 부인할 수 없는 세계의 규범이 되어버렸다. 지난 100여 년의 역사는 한마디로 인류 공동체의 '자유'를 향한 집요한 도정이었다.

둘째, 인류는 또한 '자유'가 단순히 정치 분야뿐 아니라 경제 분야에서도 필수적인 요소라는 것을 절감하게 되었다. 즉, 나라를 부자로 만들기 위해서는 '명령의 원리'가 아니라 '자유와 선택의 원리'가 그 바탕과 기준이 되어야 한다는 것을 절대적으로 깨닫게 된 것이다.

이 '자유와 선택의 원리'는 단순히 경제적 영역에만 영향을 미치는 것이 아니라 국민의 행복감을 늘리는 데도 지대한 공헌을 한다는 것을 또한 알게 되었다. 그렇게 부자 나라인 사우디아라비아에 아무도 이민 가려고 하지 않는 것은 인간이 진정 행복하기 위해서는 돈 이외에 '자유'와 '선택', 그리고 '자부심'이 필요함을 알게 되었기 때문이다.

셋째, 세계화라는 것이 인류에게 얼마나 많은 혜택을 주는 것인가를 절감하게 되었다. 사실 초기에는 '세계화'에 대한 저항이 많았다. 그러나 경험해보면서 그것은 사실

보수의 영혼

'자유'가 더 확대된 것에 불과하다는 것을 알게 되었다. 즉, 더 넓은 세상이 사실 나의 안마당으로 들어오는 것일 뿐이라는 것을 이해하게 된 것이다. 그만큼 더 넓은 시장, 더 많은 기회, 더 많은 아이디어, 더 많은 자원을 활용할 수 있게 되는 것임을 알게 된 것이다. 이것은 사실 엄청난 변화다. 세계대전이란 모두 한마디로 다른 나라를 경쟁자로만 본 데서 출발되었던 것이었다. 세계가 하나가 될 수 있다는 생각 그 자체가 사실 인류 모두에게 엄청난 변화이며 새로운 자산이고 축복이고 발전이다.

넷째, 자유와 관련해서 '법과 질서'가 얼마나 중요한가 하는 것을 알게 되었다. 법과 질서라는 안전장치가 느슨해질 때 세상이 얼마나 방종에 쉽게 오염되는지를 인류는 처절하게 깨달았다. 자유를 주는 만큼 법과 질서를 철저하게 보존하지 못하는 경우, 모두가 무참한 피해자가 될 수 있음을 대공황을 포함하여 그 이후의 수많은 대형 스캔들을 통해 통감하게 되었다. 세계의 투명성과 윤리성의 기준은 날이 갈수록 단단해지고 있다.

지난 100여 년 인류가 거둔 성과

인류는 지난 100여 년 동안 어떤 발전을 이루었는가? 크게 두 가지다.

첫째, 그 어느 때보다 많은 지구촌 사람들이 자유를 향유하게 되었다. 이것은 전 세계에 민주주의를 실현하는 국가의 수로 입증된다. 100년 전에는 소위 민주주의 국가가 10여 개를 넘지 못했다. 그것이 1975년에는 75개로 늘어났고, 지금은 170개까지 늘었다. 지구촌 전체에 나라의 3분의 2 이상이 지금은 민주국가에 살고 있는 셈이다. 80만 년 인류 역사를 관통하면서 인류가 감내해야 했던 그 모든 압제의 고통을 생각하면 불과 100여 년 만에 이 지구촌에 일어난 이 어마어마한 규모의 민주화는 정말 놀라울 일이다.

둘째, 다음으로 인류는 어마어마한 부자가 되었다. 100여 년 동안 나타난 인류의 경제적 삶의 변화를 가장 웅변적으로 나타내는 통계는 아마도 인간의 기대수명일 것이다. 건강은 경제적 풍요에 직결되기 때문이다. 20세기

초에 출생한 신생아의 기대수명은 20~30세였다. 지금은 70~80세이다. 앞으로 더 급속히 늘 것이다. 500살까지 살 것이라는 예언도 있다. 20세기 초 불과 1.5조 달러 정도에 불과하던 세계 GDP는 거의 80조로 커졌다.

결론적으로 지구촌은 지난 100여 년 사이에 엄청나게 더 자유로워졌고 또 엄청나게 더 부자가 된 것이다.

보수 가치의 당위성

보수의 가치는 한마디로, 앞에서 이야기한 100여 년의 역사에서 얻은 통찰과 교훈에서 자연스럽게 생성된 가치다. 그 점에서 진보의 가치에 대비된다. 진보의 가치는 몇천 년 전부터 있어왔다. 불쌍하고 약한 사람을 돕는다는 가치는 그렇게 이해하기 어려운 것이 아니다. 사실 모든 종교가 다 설파한 것이 바로 '진보'의 가치였다고 할 수 있다.

그에 비해 '보수'라는 가치는 지난 몇백 년간 역사의 산물이다. 다른 말로, 어떤 현자가 머릿속에서 임의로 만들어낸 그런 가치가 아니라 100여 년간 인류가 경험하고 목격했던 모든 사건에서 얻게 되었던 수많은 통찰과 깨달음의 누적적 결과로 나타난 것이 바로 '보수'라는 가치다.

그런 면에서 보수는 자신감과 자부심을 가져야 한다. 그리고 그것을 끊임없이 창달해야 하는 중차대한 사명을 가지고 있다. 왜냐하면 그것이 크게 보면 불과 100여 년 만에 인류를 분명히 감히 상상도 못 할 정도로 행복하게 만들어 준 것을 우리 모두가 너무나 잘 알고 있기 때문이다.

물론 진보의 가치도 중요하다. 이 세상에 '공정과 공평의 원리'도 필요하다. 문제는 많은 경우 '공정과 공평'을 이루기 위해서는 자주 자유를 훼손할 수밖에 없다는 것이다. 이 갈등은 때로 부담스럽기도 하지만 한 나라나 인류가 의미 있는 발전을 계속하기 위해서는 불가피한 것이다. 한마디로, 한 나라에서 보수와 진보가 경쟁하고 갈등하는 것이 건강한 것이다. 진짜 문제는 그런 갈등이 없을 때다.

거듭, 보수와 진보는 역사라는 수레를 움직이는 두 바퀴다. 같이 움직이지 않으면 수레가 앞으로 나갈 수가 없는 것이다.

02

대한민국의
보수 정당의 상황

    그렇다면 보수 정당의 사명은 무엇인가? 가장 큰 사명은 우선, 그들이 만들고자 하는 세상이 어떤 세상인가를 국민에게 분명히 제시해야 한다. 그것을 우리는 '비전'이라 부른다. 그리고 그 비전에 대해 국민의 공감을 얻어야 한다.

    우리 정통 야당인 자유한국당의 비전은 무엇인가? 이 당은 어떤 세상을 만들고자 하는 것인가? 나는 잘 알지 못한다. 왜냐하면 당의 현 지도부뿐 아니라 과거 지도부 중 누구에게서도 이 당이 어떤 세상을 만들고자 하는지에 대해 언급하는 것을 들어본 기억이 별로 없기 때문이다.

그래서 자유한국당의 당헌을 한 번 찾아보았다. 또 여당인 더불어민주당의 당헌도 한 번 찾아보았다. 먼저 여당인 민주당부터 한 번 보자.

민주당은 당의 사명, 또는 존재 이유를 다음과 같이 표현하고 있다.

제2조(목적): 더불어민주당은 공정하고 정의로운 사회, 생명을 보호하고 존중하는 안전한 사회, 포용적 복지국가를 구현하는 통합된 사회, 혁신 성장과 포용적 성장으로 번영하는 사회를 추구하며, 한반도 평화의 새 시대를 실현하는 대한민국 건설을 목적으로 한다.

키워드는 다음과 같다.

- 공정하고 정의로운 사회
- 생명을 보호하고 존중하는 안전한 사회
- 포용적 복지 국가 / 통합된 사회

보수의 영혼

- 한반도 평화
- 혁신 성장과 포용적 성장

이것을 보면, 민주당의 비전은 핵심이 비교적 분명하고 진보 정당으로서의 논리적 일관성과 정체성을 상당히 잘 표현하고 있다. 포용적 복지 국가, 통합된 사회, 포용적 성장 등의 용어들은 전부 진보의 용어다.

'혁신 성장', '포용 성장'을 강조함으로써 대기업보다 벤처기업, 중소기업을 중심으로 한 경제 발전의 의도가 보이는 것도 진보답다. '통일'이라는 단어 대신 '한반도 평화'라는 단어를 쓴 것이 눈에 띈다.

이 비전을 읽어보면, 지난 몇 년간 민주당의 활동들이 비교적 이 비전과 부합되는 면이 상당히 있었다고 느껴진다. 사실, 그것이 진보 정당의 장점이다. 진보의 존재 이유가 비교적 단순하기 때문에 표현하기가 쉬운 것이다. 가난하고 불쌍한 약자들을 돌보고 포용한다는 진보의 존재 이유는 그렇게 어려울 이유가 없고 어려울 필요도 없다.

그리고 크게 보면 문재인 정부의 정책들도 이러한 민주당의 비전과 상당히 일관성이 있었던 편이라 생각된다. 민주당의 지지도가 일정 수준을 계속 유지하는 것도 당의 철학과 진보의 원초적 이론 간에 상당한 논리적 일관성이 있었고, 정부의 정책과도 비교적 일관성이 있었기 때문이 아닌가 생각된다.

그렇다면 보수인 자유한국당의 비전은 어떤가? 이 당의 당헌은 아래와 같이 규정하고 있다.

2조(목적): 자유한국당은 자유민주주의 이념과 시장경제의 원칙을 바탕으로, 국가 존립과 경제 성장의 기반이 되는 국가 안보를 최우선으로 대한민국 국토와 주권을 지키고, 국민의 생명과 재산을 보호하며, 평화 통일을 지향한다. 개인, 기업의 자유로운 활동을 보장하고, 도전 정신과 성과가 보상받도록 하면서 경제의 포용성을 높여 공동체에 대한 책임을 조화롭게 추구하며, 소득·지역·세대·이념·성 등에 의한 격차나 차별을 해소하여 국민 통합을 이루고 공정한 대한민국을 만들어간다.

앞선 세대의 희생으로 이룩한 대한민국의 역사에 자긍심을 가지고 이를 더욱 발전시켜가도록 하며, 미래 세대에도 지속 발전이 가능하도록 재정 배분, 자원·환경 개

보수의 영혼

발, 제도 개혁을 추진한다. 역사적 경험을 반성적으로 성
찰하여 민주주의를 더욱 성숙시켜나가며, 새로운 환경의
변화에 능동적으로 적응하고 혁신하여 국부를 창출함으
로써 국민의 삶을 더욱 행복하게 만들어간다.

키워드는 다음과 같다.

보수 이념 라인
- 자유 민주주의와 시장경제 원칙
- 국가 안보
- 개인 기업의 자유로운 활동 보장
- 도전 정신, 성과가 보상받도록 함
- 국가 안보, 평화 통일

진보·중도 이념 라인
- 경제의 포용성 제고
- 소득, 지역, 세대, 이념, 성 등에 의한 격차나 차별 해소
- 공정한 대한민국('공정'이란 단어는 물론 보수도 쓸 수 있
  지만, 이것은 주로 약자를 보호하기 위한 개념이기 때문에

진보에게 더 어울리는 개념임)

- 국토 보존
- 국민의 생명과 재산 보호

한마디로 온갖 좋은 것은 다 때려 넣은 만물상 당헌이다. 보수주의에 약간 비중을 더 주었지만 정말 이 정당이 역점을 두는 것이 무엇인지는 잘 모르겠다.

'포용성 제고', '소득, 지역, 세대, 이념, 성 등에 의한 격차 해소' 등은 사실 모두 진보의 용어들이다. 이 헌장만 보면 자유한국당이 보수당인지 진보당인지도 잘 모르겠다. 도리어 중도 정당에 가깝다고 할 수 있을 것 같다. 이런 비전으로 국민에게 보수의 선명한 인상을 주기는 아마도 쉽지 않을 것 같다.

한마디로, 자유한국당의 당헌은 정말 보수의 영혼이 무엇인가에 대한 고민이 충분치 않은 상태에서 만들어진 것이 아닌가 추측된다. 보수당의 이념을 확실히 만천하에 고하고 싶다면, 적어도 그 당헌은 다음과 같이 시작되어야 한다.

"우리 당은 무엇보다 우리 국민이 '자유와 선택의 기회'

를 최대한 많이 향유하는 나라를 만들고자 한다. 그를 통해 자아를 실현하고 자부심을 드높이는 삶을 살게 하고자 한다."

이렇게 추구하는 가치의 우선순위를 확실히 해두고 그 다음에 중도적 가치, 그리고 다소 진보적인 가치들을 천명하는 것은 물론 관계없다.

물론 이 시점에서 아무도 자유한국당을 생각하며 당헌을 찾아보는 사람은 없을 것이다. 그러나 당의 존재 목적을 이런 식으로 백화점식으로 만들어놓았다는 것은 이 당의 설립자들이 보수당으로서 당의 가치와 비전에 대해 정말 진지한 고민을 하지 않았음을 추측하게 한다.

그런 것이 이 당이 활동하는 모습에서도 나타나는 것 같다. 무엇보다 이 당의 당직자나 의원들이 그들의 발언에서 당의 비전이나 가치를 언급하는 경우가 극히 드물다는 것이 나의 기억이다. 즉, 여당이 제출하는 입법안에 반대하는 데 있어서도 자유한국당이 그들의 비전, 즉 가치에 입각해서 반대하는 것을 본 기억이 별로 없다. 그냥 지엽적인, 혹은 절차적 문제를 들어 반대를 하는 모습밖에 기억에 없다. 참으로 안타까운 일이다.

자유한국당이 '보수'를 자처한다면 이 당의 사명이 '국민의 자유와 선택의 확대'라는 생각부터 해야 한다. 그리고 그것을 절대 놓지 말아야 한다.

최근 자유한국당 모 3선 의원이 불출마 선언을 하면서 자유한국당을 '좀비 정당'이라고 극단적으로 비하했다. 그런데 아무도 이를 제대로 반박하지 못하고 있다. '좀비'가 무엇인가? 사람인데 영혼이 빠져버린 사람을 이른다. 영혼이 무엇인가? '가치'이다. 추구하는 가치가 무엇인지가 불확실할 때는 영혼이 빠져버렸다는 말을 들을 수밖에 없다.

정통 보수 정당이 당연히 그들이 지향해야 하는 그 위대한 비전, 즉 '자유와 선택이 넘치는 나라'라는 비전을 아무도 언급조차 하지 않는다는 사실은 국가적으로 심히 불행한 일이다. 이 당이 고전하는 가장 큰 이유 중의 하나일 것이다.

'선택'을 박탈당하고 울부짖고 있는
대한민국 보수 시민들

문재인 정부는 전형적인 진보 정권이다. '평등' 지상주의이면서 모든 것을 '명령의 원리'로 처리하고자 하는 정부다.

- 자사고, 특목고 다 없애버려라.
- 부동산 분양가 얼마 이상 올리지 마라.
- 주 52시간 이상 일하지 마라 등등.

이 모든 것들이 다 국민의 '자유와 선택의 기회'를 빼앗는 행위다. 이것뿐이 아니다.

그래서 지금 대한민국 보수들의 마음은 시커멓게 타고 있다. 정당이 그들의 절실한 마음을 대변해주지 못하고 있기 때문이다. 그러니 그들이 참다못해 광장으로 나가고 있는 것이다.

03

대한민국 보수 정당이
다시 살아나는 길

민주화 시대에는 정당은 투쟁으로 살아남았다. 그러나 민주화가 이미 이루어진 시대에는 투쟁의 효용은 한계가 있다. 이 시대의 정당은 '가치'와 '정책'으로 승부를 걸어야 한다. 물론 투쟁도 필요하지만, 가치와 정책으로 뒷받침되지 않은 투쟁은 이기기가 무척 어렵다. 오늘날 정치에서는 '가치'와 '정책'이 바로 싸움을 이기게 하는 가장 강력한 무기다.

보수당 가치의 정립과 전파

• 당이 추구하는 가치의 명확한 재설정

무엇보다 당헌에 있는 당의 존재 이유, 즉 이념을 다시 정비해야 한다. 두리뭉실한 물타기식의 당헌이 아니라 정말 우리나라를 위대한 나라로 만드는 길이 무엇인가에 이 당의 확신을 분명히 담아야 한다.

'국민의 자유와 선택을 늘리고 그를 통해 그들의 자부심을 높여준다'는 데 초점을 맞추는, 당의 비전이 뚜렷하게 나타나는 당헌이 되어야 한다.

• 당 이념의 확산

이렇게 잘 정비된 이념은 누구나 잘 이해할 수 있도록 쉽게 풀어 써서 우선 전 당원에게 전파되어야 한다. 예를 들면, 당 대표의 다음과 같은 요지의 편지가 하나의 샘플이 될 수 있을지도 모르겠다(20년 전 한 번 출마해본 경험밖에 없는 정치 아마추어인 필자의 미숙한 초안임).

"친애하는 당원 여러분!

우리 당은 국민에게 무엇을 약속하고 있습니까? 이 땅을 무엇보다 '자유'가 넘치는 땅으로 만들어드릴 것을 약속하고 있습니다. 국민이 온갖 분야에서 '자유'를 향유할 수 있게 해드릴 것을 약속하고 있습니다.

자유를 향유한다는 것이 무슨 의미일까요? 국민 각자가 자신의 삶을 자신이 원하는 대로 엮어갈 수 있는 것, 그것이 자유입니다. 그것은 한마디로 정부가 함부로 설치지 않은 데서 출발합니다. 우리 당은 정부가 자꾸 나서서 쓸데없이 설치지 않는 세상을 만들 것입니다.

물론 남들이 피해받지 않아야 한다는 규칙은 있습니다. 그러나 그 규칙 외에는 우리 국민 한 사람 한 사람은 모두 자신이 원하는 대로 자신의 삶을 마음껏 구가하실 수 있는, 자신의 생각과 창의력을 마음껏 키울 수 있는, 그런 삶을 살 수 있어야 합니다. 그런 삶을 만들어드리는 것이 우리 당의 꿈입니다.

그런 자유가 국민 모두에게 주어지면, 그것은 잘 아시는 대로 우리 모두에게 또 하나의 큰 축복을 가져다줍니다. 그것은 바로 우리에게 '골라잡을 것'이 많은 세상을 만들어줍니다. 즉, 다양한 '선택'을 누릴 수 있게 해줍니다.

지금 우리 국민의 행복도는 아시아에서 꼴찌에서 두 번째입니다. 경제적으로는 10위권에 있는 우리나라가 행복도에서는 세계 156개국 54위입니다. 그 이유를 UN은 한국 국민이 너무나 많은 면에서 '선택'을 빼앗기고 있기 때문이라고 결론짓고 있습니다. 우리 국민을 옭아매고 있는 것들이 너무 많습니다. 교육에서, 기업 활동에서, 정치에서……. 모든 분야에서 다른 나라 국민들은 당연히 누리고 있는 자유와 선택을 우리는 빼앗긴 채 살고 있습니다.

여러분, 우리 당은 여러분에게 또 하나의 선물을 드릴 것입니다. 그것은 바로 '자부심'이란 선물입니다. '자유'가 있고 또 '골라잡을 것이 많은 곳'에는 반드시 '자부심'이 생기게 됩니다. 즉, '선택'은 반드시 '자부심'을 낳습니다. 우리 국민은 한마디로 너무나 많은 부분에서 선택을 강탈당하고 있고, 그 결과 자부심도 강탈당한 국민입니다. 우리 당은 국민에게 바로 그 '선택'을 듬뿍 만들어드리고 그를 통해 여러분 한 사람 한 사람의 마음속에 '자부심'을 심어드리겠습니다.

당원 여러분! 결론적으로 '자유', '선택', 그리고 '자부심'이 넘치는 삶을 국민에게 만들어줄 수 있는 나라, 그것이 우리가 만들고자 하는 나라입니다. 그것이 보수인 우리 당의 사명입니다."

• 당원 교육을 통한 이념 정당화

이러한 논리가 만들어지면 그를 기반으로 이제 당원 전체에 대해 교육을 해야 한다. 모든 당원들이 정말 이 보수당의 가치와 비전에 공감하고, 누구를 만나든 자신 있게 이 복음을 전파할 수 있게 당원 교육을 해야 한다.

각 당협위원장들이 당원들에게 이러한 주제로 교육을 하면서 토론하고 서로 공감하는 가운데, 그와 당원들은 이념적 동지가 될 수가 있다. 이 세상에서 가장 무서운 집단은 이념, 가치로 뭉친 집단이다. 그런 면에서 당협위원장들은 이런 과정을 통해 당원들을 진정한 이념적 동지로 만들 수 있다. 그것이 승리를 보장하는 가장 확실한 길이다.

당의 정책 정당화

정당이 이념을 갖추고 나면 그다음에는 정책으로 승부해야 한다. 당의 영혼, 즉 비전은 구체적 정책을 통해 살아있는 비전이 된다. 다른 말로, 정책 발표를 잘하면 그것은 국민에게 당의 이념적 기조를 확실히 각인시킬 수 있는 가장 효과적인 수단이 된다. 사실 정책이란 것은 극단적으로 이념이 구체화된 것일 뿐이다. 그러기 위해서는 당이 제시하는 정책이 물론 당의 이념에 부합되는 것이어야 한다.

정당은 다음 두 가지 방법을 통해 당을 효과적으로 정책 정당화시킬 수 있다.

1. 적극적 정책 발현

당의 이념을 실현하는 다양한 법안들을 지속적으로 상정하는 것이다.

- 국민은 그 법안의 근거가 되는 이념에 대한 설명을 들으며 그 정당이 제시하는 비전의 진정성을 느낄 수

있다.

- 그런 면에서 국민의 공감대가 커지면서 그 정당은 '영혼이 있는 정당'으로 국민에게 부각되는 것이다.

야당도 개혁 과제를 만들어야 한다. 왜 우리의 야당은 입법에 대해 그렇게 수동적일까? 왜 우리의 야당은 그들의 책무가 여당이 제시한 법안에 대해 찬성하거나 반대하는 것밖에 못 할까? 왜 정당 자체가 스스로 입법 활동을 활발히 하지 못할까? 나에게는 참 미스터리다.

앞에서 나는 우리 국민이 선택을 빼앗겨서 신음하는 대표적인 예로 다음 세 가지를 든 바 있다. 이 선택을 국민에게 되돌려주기 위해 시도해볼 수 있는 입법안은 너무나 많다.

- 선택을 빼앗긴 대한민국의 초중고 학생들
- 선택을 빼앗긴 대한민국의 국회의원들
- 선택을 빼앗긴 대한민국의 기업들

보수당의 가장 시급한 사명은 무엇보다 위 세 분야에서

국민들에게 선택을 되돌려주는 것이다. 우리가 이 세 가지 법을 글로벌 스탠더드에 맞게 개정하지 않는 한 우리는 결코 진정한 선진국이 될 수 없다고 나는 확신하고 있다.

보수당이 가장 먼저 할 수 있는 일은 바로 이 세 분야에서 개혁 법안을 만들어 국회에 상정하는 것이다. 입법안이 상정되면 대대적으로 국민에게 이를 홍보해야 한다. 그것은 보수당의 정체성, 영혼과 정신을 전 국민에게 널리 알리는 좋은 기회가 될 것이다. 보수가 추구하는 가치와 함께 설명할 때 국민들은 열광하면서 이 당을 진정한 영혼을 가진 정당으로 인식하기 시작할 것이다.

그리고 이렇게 만든 법안들을 가지고 여당과 협상해야 한다. 내가 한 가지 궁금한 것은 왜 입법안에 대한 협상이 꼭 여권이 제안하는 법률안에 대한 찬반에 국한되느냐 하는 것이다. 예를 들어, 공수처 법안에 대해 여권이 합의를 요구하면, 이쪽에서는 '대체고용권'에 대한 합의를 요구하고 이를 상호 교환할 수도 있는 것 아닌가? 야당이 합의를 요구하는 법안도 있어야 하는 것 아닌가?

그런 노력이 없기 때문에 지금 야당의 이미지는 '반대하기 위해 반대만 하는 정당'이다. 항상 끌려다니는 정당이다. 의원 개개인이 자신의 실적을 위해 내놓는 법안 외에 야당이 자신의 정체성을 담아 내놓는 법안이 거의 없기 때문이다.

2. 소극적 정책 발현

상대 정당이 제안하는 법안에 반대하기로 결정하는 것은 얼마든지 좋다. 그러나 그 반대의 방법이 중요하다.

우선 무엇보다 반대의 논리가 보수당의 이념, 즉 영혼에 근거를 두어야 한다. 예를 들어 자사고 폐지에 반대하는 경우 그것이 '졸속'이다, '시행령만 고쳐서 너무 쉽게 하려고 한다'는 등의 절차적인 이유만으로 반대해서는 안 된다. 반대의 이유는 그런 것보다 훨씬 더 크고 근원적인 것이 되어야 한다. 예를 들어, '국민의 선택을 줄여서는 안 된다'는 것이 반대의 가장 큰 이유가 되어야 한다는 것이다. 국민은 이러한 철학이 담긴 보수당의 반대의 논리를 들으면서, 거기에서 이 정당의 영혼을 느낀다.

그리고 빈틈없는 논리로 무장을 해야 한다. 이 논리 무장은 아래에서 이야기하는 '정책 청문회'를 통해 얼마든지 잘 할 수 있다. 한마디로 '스마트한 반대'를 해야 한다는

보수의 영혼

것이다. 그를 위해서는 면밀한 준비가 필요하다.

특히 지금 우리 보수당은 여당으로부터 어떤 법안 제의가 나오면 대부분 몇 시간 만에 후다닥 입장을 밝혀버린다. 그것은 너무 손해다. 국민에게 우리 당의 철학, 즉 영혼을 보여주고 우리가 얼마나 지식, 정보적으로 잘 준비된 정당인가를 보여줄 수 있는 기회를 스스로 포기하는 것이기 때문이다.

예를 하나 들어보자. 정부가 자사고/특목고를 폐지한다는 발표를 했다고 하자. 자유한국당의 첫 반응은 물론 반대일 것이다. 그러나 후다닥 반대 의견을 밝혀서는 안 된다. 그러나 첫 반응은 다음과 같이 할 수 있을 것이다.

"국민 여러분, 우리는 정부의 자사고/특목고 폐지안에 대해 우리의 입장을 다음과 같이 밝힙니다.

우리는 원칙적으로 그 안에 대해 반대합니다. 왜냐하면 그것은 우리 당의 가장 기본적인 가치와 비전에 위배되기 때문입니다. 우리 당은 좋은 나라란 국민에게 '다양한 선택'을 주는 나라라고 생각합니다. 한마디로, 골라잡을 것이 많은 나라가 좋은 나라인 것입니다.

정말 중차대한 사연이 없는 한 국민이 누릴 수 있는 선택을 제한하는 정책에 대해서는 우리 당은 항상 반대한다는 것이 우리의 확고한 원칙입니다. 그렇기 때문에 우리는 현재 반대 입장입니다.

그러나 우리는 정부의 입장을 들어볼 용의는 있습니다. 국민의 자유와 선택을 그런 식으로 함부로 제한해야 하는 어떤 불가피한 사정이 있는지를 알아보고 들어볼 것입니다. 그 후 우리의 최종 입장을 밝힐 것입니다.

우리는 우리의 최종 결정이 정말 모든 사실 관계와 전문성에 바탕을 두고 내려져야 한다고 믿습니다. 그래서 우리는 당 주관으로 이 문제에 관한 '정책 청문회'를 열 것입니다. 그래서 우리는 우선 모든 관련 이슈에 대해 사실과 진실의 전모를 전문가적으로 정확히 파악할 것입니다. 그리고 그 바탕 위에서 당의 입장을 정할 것입니다."

이렇게 발표해놓고, 실제 청문회를 개최해야 한다. 그리고 청문회에서 노출된 모든 사실, 강점, 약점, 특별한 사정들을 정리하여 나중에 최종 입장 발표를 할 때 근거 자료로 제시하는 것이다.

이렇게 한다면 얼마나 국민에게 신뢰를 줄 것인가? 몇 시간 만에 후다닥 입장을 밝혀버리는 것과 이런 정보와 지식의 수집 기간, 숙고의 기간을 거친 후에 하는 발표는 얼마나 국민에게 신뢰를 줄 것인가? 이런 과정을 통해 국민은 보수당의 '영혼'을 흠씬 느낄 것이다.

청문회의 활용

정치를 '패싸움'이 아니라 정책의 대결장으로 만드는 데 있어 가장 유용한 수단이 바로 '정책 청문회'다. 미국 정치는 이를 가장 잘 활용하고 있는 곳이다. 그런데 우리나라에서는 정당이 '정책 청문회'를 한다는 이야기를 아직 들어본 적이 없다. 우리나라의 청문회는 대체로 국회의원이 사람들, 특히 공무원들 불러놓고 '쇼' 하는 곳이다. 청문회의 주된 목표가 증인들, 특히 공무원들을 '조지는' 것인 경우가 더 많다. 그래서 이름을 아예 '정책 청문회'라 불러야 한다.

정책 청문회의 진정한 목적은 어떤 정책의 핵심 장점과 문제점에 대해 전문가들의 의견을 듣고 국민들과 공감대를 형성하는 것이다.

예를 들어, 정부가 자사고/특목고를 폐지한다는 발표를 했다고 하자. 자유한국당의 첫 반응은 물론 반대일 것이다. 그러나 '반대'한다는 발표는 훨씬 더 세련되게 해야 한다. 아마도 다음과 같은 발표가 가능할 것이다.

"우리는 정부의 그 정책에 원칙의 면에서 반대한다. 그것은 국민에게 제공되는 '선택'을 줄이는 것이기 때문이다. 잘 아시는 대로, 우리 당은 국민의 선택을 넓혀드리기 위해 존재하는 당이다. 그러나 그 최종 입장을 최종적으로 정하기 전에 우리 당은 충분히 숙고할 것이다. 그를 위해 우리 당 정책위 주관으로 먼저 '정책 청문회'를 열 것이다. 이 청문회는 정책위 위장이 주관할 것이며 당의 전문가는 물론, 관련 최고 민간 전문가들이 초대될 것이다. 물론 이 안에 대해 찬/반 양쪽이 다 초대될 것이다. 그래서 양쪽 의견이 다 노정될 수 있도록 할 것이다. 당연히 일반 시민들에게도 방청 기회를 줄 것이다. 그리고 언론의 적극적인 참여와 보도를 유도할 것이다. 이 청문회 이후 모든 주장들을 충분히 숙고하여 당의 공식적인 최종 입장과 그 근거를 발표할 것이다."

그리고 실제 청문회를 여는 것이다. 즉, 이념을 포함하여 모든 전문적인 근거들을 충분히 균형 있게 고려하여 내린 결론을 국민에게 발표하는 것이다. 이 발표에서는 전문가들이 조사한 다양한 정보, 통계들을 활용하여 정말 설득력 있는 논리를 만들어 결론을 뒷받침할 수 있을 것이다.

이런 발표를 접하는 우리 국민의 반응은 사뭇 달라질 것이다. 훨씬 더 설득력이 있을 것이다. 이렇게 하는 정당은 절대 '좀비 정당'이라는 비난 같은 것은 받지 않을 것이다. 도리어 정말 믿고 따를 수 있는 정당이라는 신뢰가 쌓일 것이다.

이런 면에서는 여당도 마찬가지다. 야당과 여당이 같이 이런 식으로 정책 활동을 해나가면 머지않아 우리 정치는 '패싸움의 정치'라는 오명에서 벗어나 '정책 정치'를 하는 곳으로 진화하게 될 것이다.

04

대한민국 보수 리더들의
사명

안타깝게도, 근래에 우리 보수 지도자 중 '자유'나 '선
택'이란 단어를 쓰는 사람을 나는 단 한 명도 보지 못했다.
한마디로, 영혼을 보여준 적이 없는 것이다. 그것이 내가
이 책을 쓰게 된 제일 큰 이유였다. 그래서 책 제목도 '보
수의 영혼'이라고 붙였다.

우연히도 모 3선 의원이 야당에 대해 '좀비'라는 단어를
쓰는 것을 보고 나만이 그렇게 생각한 것이 아니었구나 생
각했다.

보수의 지도자들이 '선택'에 대해 한 마디도 말을 안 하니 우리 국민은 아무리 선택을 빼앗겨도 말할 것이 없다. 그런 면에서 우리 국민은 정치적으로 세계적으로 무척 불행한 국민이다. 돈이 아무리 많으면 무엇 하나? 돈은 그 자체로는 아무 의미가 없다. 돈이 좋은 것은 그것이 '선택'을 사 주기 때문이다.

우리 국민 중 돈 있는 사람은 자식을 해외에 보낸다. 그런 것이 바로 선택이다. 그러나 그런 돈이 없는 사람에게도 선택을 만들어주는 것이 바로 정치의 몫이다. 참 슬픈 것은 최근 우리나라가 국민의 선택을 자꾸 빼앗아가고 있다는 사실이다. 그 박탈감은 대단하다. 그래서 시민들이 자꾸 광장으로 몰리는 것이다.

지금 정권은 한마디로 무척 이념적인 정권이다. 무엇이든 힘을 휘둘러 평준화하고자 하는 집단이다. 전형적인 진보 정권인 것이다. 이 정부가 알아야 하는 것은 그런 진보는 '촌스러운, 아둔한' 진보라는 것이다. 이제 진보도 제대로 된 진보는 눈을 이념에 두지 않고 국민에게 둔다. 국민에게 눈을 둔다는 것은 이념에 얽매이지 않고 그들을 진정으로 행복하게 만드는 길을 찾는다는 것이다. 그런 진보를

'깨어 있는 진보'라 부른다.

앞에서 세계적으로 많은 '깨어 있는 진보 지도자'들의 예를 보여드렸다. 그 대표적인 사람 중의 하나가 바로 김대중 대통령이다. 영국의 토니 블레어 총리, 미국의 오바마 대통령, 독일의 슈뢰더 총리 등 세상에는 깨어 있는 진보들도 많다.

아둔한 진보는 한마디로 무식한 진보다. 이념적 자기만족을 위해 국민을 희생시키는 사람들이다. 그리고 궁극적으로 자기가 돕고자 하는 바로 그 약자들을 희생시키는 사람들이다.

이제 진보도 무엇이 정말 국민을 행복하게 만드는 길인가에 초점을 둬야 한다. 행복한 국민은 절대 정부가 하나씩 던져주는 떡을 먹는 국민이 아니다. 자기 힘으로 자기가 택하는 선택에 따라 살아가는 사람들이다. 사람들에게 그런 길을 열어주는 정부가 정말 좋은 정부인 것이다.

이 정부는 기본적으로 국민을 '동대문 시장'의 쇼핑자가 아니라 배급소에 줄 서서 던져주는 것 하나씩 받아가는 초라한 사람들로 만들고 있다. 그 모든 알바성 일자리, 청년수당 같은 것들이 다 그런 것이다. 이것은 사실 다 그들

298

에게서 선택을 빼앗고 있는 것이다. 개밥 던져주듯이 던져주지 말고 그 돈으로 국민에게 '선택'을 사 줘라! 그 돈으로 사회적 기업을 일으키고, 벤처를 지원하고 기업에게 고용장려금을 지급하……. 이런 식으로 사람들에게 '기회', 즉 선택을 사 줘야 한다.

미국에서는 극빈자가 아닌 한 절대 청년들에게 공짜로 돈을 주지 않는다. 직업훈련소에 가서 공부를 하게 한다. 그리고 그 출석 증명서가 있어야 매달 지원금이 나간다. 내가 잘 아는 한국 사람 중 한 명은 빈손으로 미국 이민을 가서 산업디자인 학원을 6개월 다니면서 그에 대해 6개월 동안 매달 정부로부터 생활비를 받았다. 그리고 자격증을 얻어 그것으로 취직을 했다. 그래서 평생 잘살게 되었다.

정말 좋은 정부는 이런 식으로 국민에게 선택을 열어주는 정부다. '떡 던져주는' 정부가 아니다. 그래야 수혜자도 자부심이 생기고 진정한 행복 추구의 기회도 더 생기는 것이다. 언제 바닥날지 모르는 청년수당, 알바성 저급 일자리를 주면서 그것이 내려주는 실업률에 '호호' 하며 자랑하는 정부는 잘못된 '진보'다.

이것은 한마디로 정부가 '정치적 자위 행위'를 하는 것이다. 이런 정부의 정치적 자위 행위 때문에 수많은 나라들이 사실은 궁극적으로는 정말 비참해졌다. 베네수엘라는 그 최근의 예일 뿐이다.

이런 정부를 견제하기 위해서는 강하고 유능한 야당이 있어야 한다. 강하고 유능하다는 것은 두 가지다. 첫째, 이념적으로 충실해야 한다. 그리고 둘째, 그 이념에 맞는 정책을 끊임없이 개발하고 이를 국민과 제대로 소통할 수 있어야 한다.

이 두 가지가 있을 때 그 정당을 중심으로 보수가 제대로 뭉칠 수 있다. 불행히도 지금 우리의 야당은 이념적으로도, 정책적으로도 많이 부실하다. 전면적인 새로운 접근법이 필요하다.

마지막으로 보수에게 한 가지 당부드리고 싶은 것이 있다. 앞에서 이야기한 대로, 보수라는 이념의 핵심은 두 가지다.

1. '명령의 원리'보다 '자유와 선택의 원리'가 진정으로 국민을 행복하게 해주는 기제라는 것.
2. 국민 전체를 위해 '부분'보다 '전체'의 이익을 볼 줄

보수의 영혼

알아야 한다는 것.

　많은 보수가 첫 번째 원칙은 비교적 쉽게 지키면서 두 번째 원칙을 지키기를 무척 힘들어한다. 그 이유는 사람들에게 자신이 '잔인한 사람'이라는 인상을 줄까 두렵기 때문이다. 특히 정치인은 더욱 그렇다.

　당신이 진정한 보수라면 '부분'보다 '전체'의 이익을 생각하고 그를 위한 결단을 내릴 수 있어야 한다. 왜냐하면 '전체'가 잘될 때 그것이 결국에는 '부분'에게도 도움이 되기 때문이다.

　'부분'이 가엾어서 '전체'의 복리를 희생하는 길을 택하면 그것은 자칫 전체와 부분을 다 희생시키는 결과를 낳는다. 하중이 너무 무거워 배가 파선할 위험에 처했는데도 승객의 일부를 보트로 내려놓을 줄 아는 용기가 없을 때 오는 결과다. 그런데 보수 정치인 중에는 이 용기를 가지지 못하는 사람들이 제법 많다. 참 불행한 일이다.

　보수 지도자는 세상을 향해 널리 외칠 수 있어야 한다. "나는 전체의 복지를 더 생각하는 사람이다"라고. "내가 그런 이유는 그것이 궁극적으로 부분에게도 좋은 길이기 때문이다"라고 덧붙여도 된다. 그것이 보수의 긍지이고 자부심이다.

보수와 진보 중 보수가 더 우선적 가치다. 왜냐하면 인간에게 가장 중요한 것은 우선 '먹고사는 것'이다. 다른 모든 것은 그다음이다.

떡을 키우고 나면 나누는 것은 쉽다. 나누는 데 열중하느라 키우는 것을 소홀히 하는 지도자는 자격 미달이다. 미국의 모든 대통령은 재선을 하지 않으면 실패한 대통령으로 간주된다. 그렇기 때문에 미국 역사상 경제를 키우지 못한 대통령이 재선된 예가 단 한 번도 없다. 많은 것을 시사해준다. 떡을 키우는 것은 좋은 나라의 '필요조건'이다. 나누는 것은 '충분조건'이다.

거듭 이야기하지만 보수와 진보는 역사라는 수레의 두 바퀴다. 그러나 보수라는 바퀴가 먼저 돌아야 한다. 보수의 바퀴가 돌아서 우선 풍요를 이뤄야 한다. 그것이 필요조건이다. 내가 서문에서 보수를 '우선적' 가치라고 표현한 것은 그런 의미다. 풍요가 있으면 '진보'의 바퀴는 얼마든지 잘 돌릴 수 있다.

그런 면에서 어느 나라나 보수의 책무는 심대하다. 그러나 특히 지금 우리나라가 그렇다. 정치, 경제, 사회, 외

보수의 영혼

교, 모든 분야에서 나라가 침몰하고 있는 이 상황에서 보수의 책무는 더 말할 수 없이 크다.

진보를 이겨내는 자유의 힘

보수의 영혼

초판 1쇄 발행 2019년 12월 2일
초판 4쇄 발행 2024년 12월 23일

지은이 전성철

발행인 이봉주 **단행본사업본부장** 신동해
마케팅 최혜진 이은미 **홍보** 반여진 허지호 송임선
제작 정석훈

브랜드 엘도라도 **주소** 경기도 파주시 회동길 20
문의전화 031-956-7355(편집) 02-3670-1123(마케팅)
홈페이지 www.wjbooks.co.kr
인스타그램 www.instagram.com/woongjin_readers
페이스북 https://www.facebook.com/woongjinreaders
블로그 blog.naver.com/wj_booking

ⓒ 전성철, 2019
ISBN 978-89-01-23819-7 03340